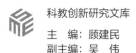

科教创新研究文库

主　编：顾建民
副主编：吴　伟

国家社会科学基金"十三五"规划2018年度教育学青年课题资助出版（课题批准号：CIA180278）

境外优质高等教育资源
引进标准与风险控制

The Introduction Standards and Risk Control of
Overseas High-quality Higher Education Resources

伍　宸　著

上海交通大学出版社
SHANGHAI JIAO TONG UNIVERSITY PRESS

内容提要

在全面加快建设世界一流大学新时期,我国高等教育除需修好内功以求自立自强外,还要充分借助国际化办学从全球范围内引进为我所需、能为我用的各级各类优质高等教育资源。但在复杂多边的国际国内形势下,境外优质高等教育资源的引进过程中存在着诸如标准缺失而质量良莠不齐、风险防范意识不强以及防范体系不完善等问题。因此,亟待从理论、政策和实践层面建立起新时期境外优质高等教育资源引进的标准与风险防控体系。本书对境外优质高等教育资源的内涵和外延、显性与隐形标准以及新形势下高等教育国际化办学的风险、境外优质高等教育资源引进的风险表征及其防控体系等方面做了系统性、理论性与针对性的探讨。本书对于从事高等教育国际化理论研究和中外合作实践办学等皆有较强的参考价值。

图书在版编目(CIP)数据

境外优质高等教育资源引进标准与风险控制／伍宸著.—上海:上海交通大学出版社,2022.12
ISBN 978－7－313－28094－7

Ⅰ.①境… Ⅱ.①伍… Ⅲ.①高等教育－国际化－研究－中国 Ⅳ.①G649.2

中国版本图书馆 CIP 数据核字(2022)第 238144 号

境外优质高等教育资源引进标准与风险控制
JINGWAI YOUZHI GAODENG JIAOYU ZIYUAN YINJIN BIAOZHUN YU FENGXIAN KONGZHI

著 者:伍 宸			
出版发行:上海交通大学出版社		地 址:上海市番禺路 951 号
邮政编码:200030		电 话:021－64071208
印 制:上海新艺印刷有限公司		经 销:全国新华书店
开 本:710 mm×1000 mm 1/16		印 张:9.25
字 数:150 千字		
版 次:2022 年 12 月第 1 版		印 次:2022 年 12 月第 1 次印刷
书 号:ISBN 978－7－313－28094－7		
定 价:78.00 元		

目 录

绪　论

　　近年一场席卷全球的新型冠状病毒肺炎疫情对人类公共卫生健康造成了严重威胁,对全球各领域造成了前所未有的影响。在此背景下,高等教育的国际交流与合作也受到了极大的限制,并面对着前所未有的挑战,主要表现在:一些校际师生人文交流项目被迫推迟或终止,一些跨国或跨境科研合作项目被迫中止,一些联合办学项目面临被取消的风险等等。与此同时,受疫情影响,大国之间的博弈与对抗也不断加剧。这些不可抗因素无疑给当前的高等教育国际交流与合作增添了许多风险因素。

　　从《统筹推进世界一流大学和一流学科建设实施办法(暂行)》中可见,国家政府将国际交流与合作作为"双一流"建设高校与学科的重要遴选条件之一。在《关于高等学校加快"双一流"建设的指导意见》中,更将"深化国际合作交流"作为七大改革任务之一。除此之外,在新一轮的"双一流"建设实施意见中,也提出要"全面提升国际交流合作水平"。

　　由此观之,"双一流"建设工程将社会对高等教育国际化的重视提高到了前所未有的高度。国家之所以将国际合作与交流作为"双一流"建设的重要遴选条件和改革任务,是因为其具有客观必然性。在经济全球化深化发展的时代背景下,借助国际化推进高等教育事业的发展,已成为世界各主要国家或地区政府以及各大高校普遍性的宏观政策和战略选择。我国作为高等教育发展中国家,理应以更开放的态度,积极主动地融入世界高等教育体系,一方面借助国际化不断提升我国高等教育实力和核心竞争力,另一方面也通过国际化办学来展示我国高等教育所取得的成就,为推进人类文明进程做出应有贡献。

　　因此,在加快推进世界一流大学与一流学科建设的新时期,我国需要进一步强化对境外优质高等教育资源的引进,以此作为提升高等教育办学能力的重要手段。与此同时,也需要在纷繁复杂的世界高等教育体系内根据我国高等教育发展的现实需求与未来发展方向确定其引进标准,这也是降低引进风险的基本前提。在这样的标准体系下,可以将那些质量差、不符合我国高等教育发展方向、与我国高等教育结构与办学理念相悖的相关教育资源拒之门外。与此同时,还要在引进过程中建立起系统的风险控制体系,搭建多维度的风险防范机制。

就境外优质高等教育资源的标准来说,这既是一个理论性问题,还是一个实践性和操作性问题。就理论性问题来说,我们需要明确境外优质高等教育资源标准的方法论是什么。而确定境外优质高等教育资源标准的方法论就是人们用什么样的方式、方法来确定特定教育对象在质量内涵上的属性,包括确定优质教育资源的范畴、基本原则、支撑理论、方法体系的总和。

第一,需要明确境外优质教育资源的范畴。教育资源亦称"教育经济条件",是教育过程所占用、使用和消耗的人力、物力及财力资源,即教育人力资源、物力资源和财力资源的总和。人力资源包括教育者人力资源和受教育者人力资源,即在校生数、招生数、毕业生数、行政人员数、教学人员数、教学辅助人员数、工勤人员数和生产人员数等。物力资源包括学校中的固定资产、材料和低值易耗物品。其中,固定资产分为共用固定资产、教学和科学研究用固定资产、其他一般设备固定资产。因为教育资源的认定具有复杂性,因此,研究人员需要明确境外优质高等教育资源的基本范畴。理想环境下的国外优质教育资源引进,应包含课程教学的各方面,从教学理念、人才培养模式、课程教材与辅导材料、教学技术与手段、考核模式、课程管理与保障体系、师资队伍建设等多方面引进和使用,这样才能真正达到"为我所用,为我所有"的深层次效果。[①] 在高等教育水平高度发展的时代背景下,境外优质高等教育资源的存在方式具有多元性和复杂性的基本特点。就多元性来说,包括显性和隐性两个范畴;就复杂性来说,不仅欧美等研究型大学拥有丰富的优质高等教育资源,一些国家或地区虽然整体高等教育水平不高,但也拥有一些颇具特色和竞争力的优质高等教育资源。

第二,需要确定引进境外优质高等教育资源的基本原则。所谓原则,即在引进境外优质高等教育资源时所需要坚持的基本准则和价值操守。前文讲到,境外优质高等教育资源具有多元性与复杂性的基本特点,因此,在确定其范畴时还

---

① 张静,潘磊.中外合作办学专业背景下国外优质教育资源的使用、开发和共享研究[J].轻工科技,2017(1): 152-153.

要明确过程中所需要坚持的基本原则。具体来说主要包括：以我为主原则、互补性原则、增值性原则、平等互利原则。

第三，确定境外优质高等教育资源引进的支撑理论。境外优质高等教育资源引进是一个复杂的实践办学活动，一方面需要遵循国际商品贸易的一般性规则及理论框架；另一方面也需要遵循高等教育国际化的基本理论。当代国际商品贸易的一般性理论方面，主要包括新要素理论、产业内贸易理论、战略贸易理论、动态贸易理论和国际竞争优势理论。高等教育国际化理论方面，一是要基于当今世界国际局势发展的最新动态，准确判断高等教育国际交流与合作所处的历史方位以及基本指导性理论；二是要对高等教育国际化自身所发生的变化有准确的把握，特别是对于高等教育国际交流与合作的方式、动因以及绩效评估等建立及时而清晰的认知。

最后，还要构建境外优质高等教育资源引进的方法体系，针对不同层次、类型和规格的境外优质高等教育资源，设计与之匹配的引进方法。

本书针对境外优质高等教育资源引进的标准和风险控制两个维度展开，两者既相对独立，又是有机统一的整体。首先，本书对我国高等教育国际化发展历程做了历史性分析，同时分析其未来走向，并建立起"双一流"建设背景下国际化办学评估的基本价值取向和指标体系，以此作为我们开展相应国际化办学的基本理论依据和实践方向。其次，根据我国高等教育发展的现实需求与客观状态，基于对境外优质高等教育资源属性与特性的理论性分析，建立起确定境外优质高等教育资源引进标准的标准体系及一般性的质化标准；再次，针对当前国际国内形势以及所建立起的标准体系系统，分析境外优质高等教育资源引进的风险表现形式及内在机理；最后，试图构建起新时期我国境外优质高等教育资源引进风险的防控体系，以政府及高校为主体织密风险防控网，切实降低优质高等教育资源引进的风险，切实提高新时期我国高等教育对外开放的效益。

第一章
改革开放 40 年来我国高等教育
国际化发展沿革

题记：改革开放 40 多年来，我国高等教育迎来了全新发展，无论是办学规模还是办学质量都得到了前所未有的扩大或提升。与此同时，我国高等教育的发展与国家对外开放同频共振、同向而行。随着我国对外开放的力度越来越大，我国高等教育也将国际化办学作为重要的战略之一。因此，高等教育国际化发展的内涵与外延也跟随着时代发展产生了较为明显的变化，这些变化都为我们现在和将来制定相关高等教育政策，以及高校开展相关办学活动提供了根本遵循。

全球化背景下，我国高等教育国际化不断深入发展，发展水平、规模、内涵，以及国际化的实现形式、相关政策措施等都发生了较大的变化。我国高等教育国际化是一个系统复杂的工程，涉及多方面的合作形式，有中外合作办学、来华与出国留学教育、跨国科研合作、国际师资引进等。按照国际知名学者简·奈特的定义，高等教育国际化即"在院校层面与国家层面，把国际的、跨文化的、全球的维度整合进高等教育的目的、功能或传递的过程"。[①] 我国发展高等教育国际化 40 年来，逐渐经历了从简单、单线的人员交往到多层次、多维度、多向、复杂的国际化实现形式。本章主要围绕人员国际化（出国留学与来华留学）与组织国际化（中外合作办学）两个方面展开论述，以期较为全面地展示改革开放 40 年来我国高等教育国际化发展的历程及其呈现的基本特征，并就未来我国高等教育国际化发展做出展望。

---

① Knight, J. (2004). Internationalization Remodeled: Definitions, Rationales and Approaches. Journal of Studies in International Education, Vol.8, NO 1.

第一节　改革开放 40 年来我国高等教育国际化发展历程

依据我国高等教育国际化的发展水平,并结合我国高等教育国际化发展的具体实践,以政府在改革开放后出台的相关政策文件为主线,可以将我国高等教育国际化工作分为国际化起步阶段(1978 年—20 世纪 90 年代初)、规模扩张阶段(20 世纪 90 年代初—2010 年)和提质增效内涵发展阶段(2010 年—至今)三个阶段。下文将从人员国际化和机构国际化两方面出发,探讨我国高等教育国际化发展历程。

一、起步阶段(1978 年—20 世纪 90 年代初)

改革开放之初,我国社会主义现代化建设百废待兴,各行各业急需各级各类具备良好文化教育水平的人才。但由于十年动乱时期高等教育停滞导致的人才断层,社会各界都面临人才匮乏的问题,所以急需恢复正常的高等教育人才培养体系。当时,我国高等教育整体水平还不高,所以需要借助外力,即国际化办学的方式来加快推进高等教育发展步伐。这一阶段中,我国高等教育国际化处于起步阶段,手段相对单一,主要以公派出国留学和开展小规模中外合作办学项目为主,但对改革开放和高等教育的长远发展起到了重要作用。通过公派出国留学和开展一些急需专业的中外合作办学项目,培养了一大批社会与经济发展急需的各类高层次人才;通过国际化办学方式,不断借鉴吸收国际高等教育先进办学理念和管理模式,推动了我国高等教育的现代化进程。

(一) 人员国际化:以国家公派出国留学为主,并开始尝试开展来华留学教育

1. 公派出国留学

改革开放初期,我国高等教育国际化工作主要以国家公派部分优秀学生到高等教育发达国家或地区留学为主,这些留学生日后学成归国,并逐渐成为各行各业建设的主力军。

1978 年 6 月 23 日,邓小平同志在听取教育部工作汇报后表示:"我赞成留学生的数量增大,主要搞自然科学""要成千成万地派,不是只派十个八个""教育部要有一个专管留学生的班子"。18 天后,教育部向中央提交了《关于加大选派留学生的数量的报告》，提出与扩大派遣意见一致的 3 000 人派遣计划。当年 8 月，教育部印发《关于增选出国留学生的通知》，确定将 1978 年出国留学生名额增至 3 000 人。由此，一场中国近现代以来规模最大的出国留学热潮悄然掀起。1986 年 12 月 13 日，国务院批转国家教委起草的《关于出国留学人员工作的若干暂行规定》，明确提出"按需派遣，保证质量，学用一致"的方针，是我国第一个全面、系统、公开发表的留学工作文件。

公派出国留学的重要成果之一，就是培养了大批具有国际化经历的科教管理人才。姜朝晖于 2010 年统计了时任我国第一批 34 所"985 工程"大学校长的学历情况，在 34 名大学校长中，拥有博士学位的 31 位，占总人数的 91.2%；具有境外学习经历的 30 位，占总数的 88.2%，其中在境外取得博士学位的有 13 名，占总数的 38.2%。[①] 这些具有国际留学经历的人才进入高校管理岗位后，会加快推进我国高等教育的现代化进程。

2. 来华留学

改革开放政策使来华留学教育制度的价值取向、内容面向、管理模式发生了深刻变化。先后修订《外国留学生工作试行条例》，发布《关于外国留学生入中国高等院校学习的规定》《外国留学生管理办法》《关于普通高等学校授予来华留学生我国学位试行办法》《接受外国来华留学研究生试行办法》《中国汉语水平考试(HSK)办法》《关于加强来华接受中医药本科教育留学生教学质量宏观管理的通知》等一系列政策文件。这一时期的来华留学教育被赋予了更多的功能和内涵，政策目标由单纯的政治需要向为国家外交、改革开放、经济建设、教育改革服务而转变，来华留学渠道也得以拓展，教育部等部门的管理权限逐级下放，来华留学管理更加规范有序。

(二) 机构国际化：从与欧美发达国家开展合作培训班起步

中外合作办学在促进学校管理体制机制创新、人才培养模式改革，以及促进高水平大学建设方面发挥着积极作用。而引进国外优质教育资源是中外合作办学的核心，也是机构国际化事业成功的决定性因素。[②] 改革开放之初，政府对开展中外合作办学十分谨慎，合作多表现为高校层面推动的中外合办培训班或学位项目。例如，20 世纪 80 年代中期，中国人民大学与美国福特基金会合作

---

① 姜朝晖.大学校长国际化：中国 34 所"985 工程"高校的调查[J].江苏高教,2010(5)：36 - 39.
② 林金辉.中外合作办学中引进优质教育资源问题研究[J].教育研究,2012(10)：34 - 39.

举办中美经济学班,复旦大学与美国福特基金会合作举办中美法学培训班,天津财经学院(现天津财经大学)与美国俄克拉荷马城市大学(Oklahoma City University,OCU)合作举办工商管理硕士(MBA)班等,中外合作办学开始起步。这些高校的中外合作办学项目为国家、社会培养了一批当时迫切需要的经济学、法学和管理学人才。

20 世纪 80 年代末到 90 年代初期,我国对外开放程度日益加深,中外合作办学机构逐渐增多。1993 年 6 月,《关于境外机构和个人来华合作办学问题的通知》由原国家教委发布,明确将"积极慎重、以我为主、加强管理、依法办学"作为中外合作办学的基本方针;提出在引进和利用境外于我国有益的管理经验、教育内容和资金时要有所选择、有所限度;并鼓励在改革开放过程中,逐步开展不同形式的教育对外交流和国际合作。这一通知是针对中外合作办学管理的有益探索,为中外合作办学的未来发展奠定了政策基调。在这一阶段,中外合作办学政策经历了从十分慎重到有限开放,再到积极慎重的过程,中外合作办学得到了一定程度发展。截至 1994 年底,全国共批准中外合作办学机构和项目 70 多个(以机构为主)。

二、规模扩张阶段(20 世纪 90 年代初—2010 年)

随着我国改革开放的不断深化,特别是自邓小平同志南巡讲话后,对外开放的步伐不断加快,经济、社会等各项事业也迎来了蓬勃发展的局面,对各级各类高层次人才的需求日趋旺盛。在此阶段,我国高等教育国际化同样也迎来了蓬勃发展的新局面,无论是人员国际化还是机构国际化都得到前所未有的发展。

(一) 人员国际化:规模不断扩大,逐渐纳入规范化管理轨道

1. 出国留学

1994 年国务院颁发《关于〈中国教育改革和发展纲要〉的实施意见》,提出"建立国家留学基金管理委员会,使来华与出国留学生的招生、选拔和管理工作走上法制化轨道"。同时,确定实行"个人申请、专家评审、公平竞争、择优录取、签约派出、违约赔偿"的选拔方针。1995 年对国家公派出国留学工作进行改革,并在江苏、吉林两省试点,1996 年全面铺开。同年,国家留学管理基金委员会成立。至此,出国留学方针政策从单纯运用行政管理手段,逐步向科学、规范管理

转化,促进了留学工作稳步健康发展,出国留学政策不断完善,管理体制逐渐走向科学化、规范化和法制化。在这一阶段中,国家公派学生回国率达到99%以上,提高了出国留学效益;出国留学学生数量不断增加,规模空前;外派学生学科门类齐全,留学国别趋于均衡。国家政府采取措施、加大投入、改善条件、优化环境,吸引大批在外留学人员回国服务、创业和发展,促进了经济、科技和教育事业的迅速发展。

21世纪以来,出国留学政策没有大的方向性调整,不过由于"科教兴国、人才强国"战略的提出以及社会发展对高端创新人才、学术带头人、学术骨干的需要,国家留学基金管理委员会陆续设置新的政策和项目。如2002年,为加大西部地区人才培养,教育部制定实施"西部地区人才培养特别项目"。2003年,教育部设立"国家优秀自费留学生奖学金",截至2008年底,该奖学金共资助1 400余人。2007年,国务院批准设立"国家建设高水平大学公派研究生项目",每年选派5 000名研究生出国攻读博士学位或联合培养博士。该项目坚持"选拔一流的学生,到国外一流的院校(专业),师从一流的导师"的"三个一流"原则。当年国家公派选派规模首次突破万人。2009年,教育部办公厅印发《国家建设高水平大学公派研究生项目学费资助办法(试行)》,进一步明确了对公派研究生的资助细则,加大了资助力度,除了给予额度较高的生活费资助外,还提供少量的学费资助。在一系列政策措施的激励下,我国公派出国留学的人数得到稳步增长。

2. 来华留学

1989年,原国家教委发布《关于招收自费外国来华留学生的有关规定》,允许有条件的高校经申请批准后招收自费留学生,并把招收资格的审批权下放给地方教育行政主管部门,同时允许学校根据国家有关规定自主决定留学生的招生和录取,使学校的留学生教育自主权得到进一步扩大。在此政策下,自费留学生的规模不断扩展,1990年自费来华留学生总数为3 810人,1999年达到39 500人,是1990年的10倍。同时,自费生占来华留学生总数的比例由1990年的69.7%大幅提高到1999年的89.7%。到20世纪末,自费留学生已经成为来华留学生的主体。

2000年1月,教育部、外交部和公安部联合发布了《高等学校接受外国留学生管理规定》,将针对来华留学生的学生工作方针定位于"深化改革,加强管理,保证质量,积极稳妥发展";并规定高校招收外国留学生名额不受国家招生计划指标的限制,可以自行招收校际交流外国留学生和自费外国留学生,且外国留学生的录取由高校决定。2004 年 2 月国务院批转教育部《2003—2007 年教育振兴行动计划》,其中明确提出要按照"扩大规模、提高层次、保证质量、规范管理"的原则,积极创造条件,扩大来华留学生的规模。2008 年以来,为落实《国家教育事业发展"十三五"规划纲要》,政府大规模扩大中国政府奖学金来华留学规模,从 2008 到 2010 年每年增加 3 000 名左右来华奖学金生名额,主要鼓励高等院校接受高层次来华留学生。

(二)机构国际化:政府出台规章制度,中外合作办学步入法制化管理轨道

随着改革开放力度加大,社会氛围日益宽容,对国际化人才的需求也不断增长,使中外合作办学在本阶段迎来了良好的外部发展环境,并得到了快速发展,逐渐成为我国高等教育体系的重要组成部分。

1993 年 6 月,国家教委(现教育部)发布《关于境外机构和个人来华合作办学问题的通知》,提出:"多种形式的教育对外交流和国际合作是我国改革开放政策的一个重要组成部分……通过接受捐资助学、合作办学等形式,有条件、有选择地引进和利用境外于我有益的管理经验、教育内容和资金,有利于我国教育事业的发展。"1995 年,原国家教委发布《中外合作办学暂行规定》,这是我国第一个对中外合作办学进行全面详细指导的政策文件,对中外合作办学的内涵进行了界定,同时明确"中外合作办学是中国教育对外交流与合作的重要形式,是对中国教育事业的补充。"

中外合作办学活动的日益增多也带来了学位授予工作管理方面的需求。1996 年 1 月,国务院学位办发布《关于加强中外合作办学活动中学位授予管理的通知》,进一步规范了中外合作办学学位授予办法,对保障其有序发展起到了积极作用。1998 年,全国人大颁布《高等教育法》,其中第十二条中明确提出:"国家鼓励和支持高等教育事业的国际交流与合作。"自此,我国高等教育国际化走上了快车道,中外合作办学得到了蓬勃发展的良好土壤。

此外,为进一步规范中外合作办学活动,国务院于 2003 年 3 月 1 日颁布《中华人民共和国中外合作办学条例》,对中外合作办学的性质、合作对象、机构设立、组织管理、教育教学、资产财务、学历认证等方面内容做了详细的规定。《条例》将中外合作办学界定为公益性事业,是中国教育事业的组成部分;国家对中外合作办学实行"扩大开放、规范办学、依法管理、促进发展"的方针；鼓励引进外国优质教育资源的中外合作办学，鼓励中国高等教育机构与外国知名的高等教育机构合作办学。其后，为实施《条例》，2004 年 6 月 2 日，教育部发布《中华人民共和国中外合作办学条例实施办法》，对中外合作办学机构的设立、活动、管理，以及依据《条例》举办实施的学历教育和自学考试助学、文化补习、学前教育等中外合作办学项目的审批与管理等内容进行了具体规定，并对不予批准筹备设立中外合作办学机构的项目的情形作了规定。

在此之后，又陆续发布《关于做好中外合作办学机构和项目复核工作的通知》《关于当前中外合作办学若干问题的意见》《关于进一步规范中外合作办学秩序的通知》等政策文件。自此，我国中外合作办学规模不断扩张，并以提高质量和规范发展作为其基本发展方向。

三、提质增效内涵发展阶段(2010 年至今)

进入 2010 年之后，尤其是党的十八大以来，我国步入全面深化改革和创新驱动经济发展新时期。2010 年 7 月《国家中长期教育改革和发展规划纲要(2010—2020 年)》强调要继续扩大教育开放，并明确提出加强国际交流与合作、引进优质教育资源、提高交流合作水平等要求。2016 年，《关于做好新时期教育对外开放工作的若干意见》提出到 2020 年，"我国出国留学服务体系基本健全，来华留学质量显著提高，涉外办学效益明显提升，双边多边教育合作广度和深度有效拓展"等工作目标。与此同时，在全面推进世界一流大学和一流学科建设阶段，也将加强国际交流作为重要改革内容和实现"双一流"建设目标的重要手段。因此，在第三阶段中，我国高等教育国际化所呈现出的基本特征是在稳定规模基础上，不断加强质量和内涵建设，进入提质增效新阶段。

(一) 人员国际化：规模稳中有升，质量和规格不断提高

1. 出国留学

这一阶段，出国留学工作出现了新要求、新特征，主要包括留学类型更加多样，国家公派数量持续提升，自费留学比例不断提高。根据国家留学基金委数据显示，2018 年计划选派各类国家公派留学人员 32 300 名，包括高级研究学者、访问学者、博士后、赴国外攻读博士生、联合培养博士生、赴国外攻读硕士生、联合培养硕士生、赴国外攻读学士学位生、本科插班生共九类人员。"层次不断提高，

类型不断丰富"是这一阶段我国公派出国留学工作所呈现出的主要特征,大批优秀教师、科研人员、学生受到国家奖学金项目资助,到境外进修并归国,成为我国科教事业和经济社会发展的重要力量。

2. 来华留学

为贯彻落实《国家中长期教育改革和发展规划纲要(2010—2020 年)》,加强中外教育交流与合作,推动来华留学事业持续健康发展,教育部于 2010 年 9 月出台《留学中国计划》,加快推进我国从教育资源大国迈向教育强国,从人力资源大国迈向人力资源强国的步伐,计划提出,"到 2020 年,使我国成为亚洲最大的留学目的地国家""在内地高校及中小学就读的外国留学人员达到 50 万人次",即 10 年内来华留学生人数要在 2010 年的基础上翻一番。同时,随着来华留学的人员规模不断扩大、结构日趋复杂,管理难度也不断加大。2017 年,教育部、外交部和公安部联合制定了《学校招收和培养国际学生管理办法》,该《办法》对我国境内各级各类教育,特别是高等教育招收和培养来华留学生做出了明确的行政性指令,包括招生管理、教学管理、校内管理、奖学金、社会管理和监督管理等多方面内容。

与此同时,从院校层面,各大高校(特别是研究型大学)也把提高来华留学生数量和质量作为提高办学水平和国际竞争力的重要手段。在不少一流大学,来华留学的学历教育以及欧美发达国家或地区的生源比例不断提升。

(二) 机构国际化:以我为主,高水平的中外合作办学机构不断涌现

此阶段的中外合作办学工作以提质增效为基本要求,政府不再盲目追求数量增长,强化了与世界一流大学或研究机构开展高水平中外合作办学的要求,从而全面助力我国高等教育水平融入世界一流学术圈。为此,社会上出现了一批我国高校与国际知名院校或研究机构联合开展的高水平合作办学项目,如上海交通大学与美国密歇根大学联合创办的上交密歇根学院,西安交通大学与英国利物浦大学创办的西交利物浦大学,北京理工大学与俄罗斯莫斯科大学创办的深圳北理-莫斯科大学,浙江大学与诸多世界名校联合创办的浙江大学国际联合学院等。这些高水平的中外合作办学项目是我国与世界一流大学开展教育合作的优秀成果,促进了人才培养模式的改革创新,在实践办学中取得了良好的培养效果。根据西交利物浦大学于 2017 年的本科毕业生就业或就学情况调查结果显示,该校本科毕业生升学总人数高达 1 592 人,其中到世界排名前十高校就学的升学人数达到了 398 人,占总人数比例为 23.73%。同时,在举办中外合作办学过程中,我方主导型特征逐渐凸显,即根据我方办学需求和办学理念主动开展办学活动。

第二节　改革开放 40 年来我国高等教育国际化发展的基本特征

改革开放 40 年,正是经济全球化、贸易自由化、交往便利化的 40 年,世界高等教育也需要借助国际化寻求新的增长点。我国作为高等教育后发国家,在高等教育国际化上缺乏先发优势,但改革开放以来,我国积极开展相关国际化活动,不断缩小与欧美发达国家的差距,并通过国际化办学,不断拓展优质高等教育资源。在人才培养上,我国通过高等教育国际化实现了人员往来范围的扩大,充分吸纳借鉴了先进国家的教育理念、培养模式和教育内容,培育出一大批具备国际视野和全球竞争力的各级各类高层次人才。科学研究上,通过参与国际科研合作项目,开展前沿科技研究,解决全人类共同面临的重大问题,不断提升我国学者、学术、学科与全球学术界高水平对话的能力。通过扩大开放,深化交流,我国高等教育的全球影响力在改革开放 40 年来不断扩大,并进而得到全球认可(如加入华盛顿协议),总的来说,过去 40 年来,我国高等教育国际化工作主要呈现出以下三个基本特征:

一、以促进经济增长和提升学术能力为高等教育国际化的主要动因

在一定时期内,一个国家或地区开展高等教育国际化的动因各异。动因是指一个国家、高等教育部门或院校对国际化进行投资的驱动力,可反映在政策制定、项目开发和项目实施等各个层面,支配着人们期待国际化努力带来的利益或成效。[1] 在传统意义上,学者认为高等教育国际化的动因来自四种维度:社会/文化、政治、学术、经济。[2] 高等教育国际化动因如表 1-1 所示:

---

[1]　Knight,J.(2004).Internationalization Remodeled:Definitions,Rationales and Approaches.Journal of Studies in International Education,Vol.8,NO 1.

[2]　(加)简·奈特.激流中的高等教育:国际化变革与发展[M].刘东风、陈巧云主译.北京:北京大学出版社,2011:30.

表 1-1　高等教育国际化的动因①

基 本 动 因	现 有 动 因	日益重要的动因
社会/文化	国家文化认同 不同文化间的理解 公民身份的发展 社会与社区团体的发展	
政治	对外政策 国家安全 技术辅助 和平与相互理解 国家认同 地区认同	**国家层面** 人力资源开发 战略联盟 创收/商业贸易 国家建设/院校建设 社会/文化发展与相互理解
经济	经济增长与竞争 劳动力市场 财政动机	**院校层面** 国际形象与声誉 质量提高/国际标准 学生和教职员工的发展 经济创收 战略联盟 研究与知识产品
学术	扩展学术视野 院校建设 形象与地位 提高质量 国际学术标准 科研与教学的国际化维度	

　　由于不同国家或地区经济社会水平、高等教育发展水平及其国际化能力存在差异,因此其国际化动因也各异。诸如欧美等高等教育发达国家或地区,在实施国际化战略时会更多地考虑政治和经济目的。如英国高等教育部门在开展国际化办学时,就是更多地考量其经济目的,将国际化办学作为政府和学校创收的重要手段。

　　我国是发展中国家,高等教育整体实力与欧美存在较大差距,特别是在改革开放初期,高等教育事业处于百废待兴的状态。在此背景下,我国采取高等教育国际化的动因主要是经济和学术考量。从经济动因看,改革开放后我国经济社

---

① Knight,J.(2006B).Internationalization：Concepts，Complexities and Challenges. In：J.Forest and P. Altbach(eds).International Handbook of Higher Education. Dordrecht，The Netherlands：Springer Academic Publishers .

会快速发展,需要大量高素质人才来填补人才缺口,所以需要通过公派出国留学培养高层次人才,提升劳动力的质量,使之成为促进经济增长与增强国际竞争力的重要方式。从学术动因看,在高等教育的重建和发展过程中,我们需要与国际高等教育学术标准接轨。通过中外合作办学的方式引进境外办学资源,一方面是为了尽快提升高等教育办学质量,另一方面也是为了实现科研与教学的国际化发展,学习和掌握国际学术标准等。在改革开放后,我国高等教育国际化工作主要基于经济和学术动因有其合理性。

二、以人员和机构国际化为高等教育国际化的主要内容和实现形式

我国高等教育国际化有强烈的经济和学术动因,这也决定了我国国际化办学以人员和机构国际化为主要内容和实现形式。

在推进高等教育国际化进程中,人员的国际化始终是核心内容之一。我国高等教育国际化以公派出国留学,持续培养具有宽广国际视野的各级各类高素质人才为主要内容。对于我国这样的发展中国家和高等教育后发国家来说,这样的战略选择具有合理性。改革开放后,我国高等教育水平在短时期内难以满足经济社会发展对大批高素质人才的需求,因此,借助外部资源开展人才培养是必然选择。与此同时,这些具备国际视野的高素质人才学成归国后,往往能迅速成长为各行各业的领导者,又能进一步推动国内的各项事业与国际接轨,加快我国经济社会发展进程。

此外,机构国际化也是我国高等教育国际化发展的主要内容,主要表现在通过中外合作办学的方式建立起高度国际化的高等教育机构,以此引进境外优质教育资源,包括先进办学理念、师资、课程、人才培养模式等。在我国高等教育还处于世界边缘的阶段,这一方式能加快我国融入世界先进高等教育圈的步伐,并形成示范效应,提升国内其他高校改革创新的意识。总之,从40年来的高等教育国际化工作看,以人员和机构国际化为中心的策略是符合我国国情,且已取得良好效益的国际化实现方式。

三、以政府出台相关制度规定为主要推进方式

高等教育国际化是一项复杂的社会活动,需要在跨经济、文化、政治背景下开展,所以在办学活动过程中容易涉及多方利益冲突及风险,需要从政府层面出

台或设置系统的制度、政策、措施,并设立相关项目平台进行推进。

我国高等教育事业由中央统筹管理,因此在国际化办学上也同样以政府出台的相关制度规定为主要推进方式。在改革开放至今的 40 年里,中央政府出台了数量众多的政策文件,以规范和引导国际化办学和对外交流活动。这些政策文件成为稳步推进高等教育国际化的根本依据,且有效地规避和化解了国际化发展中的风险挑战,使其得以在中国特色社会主义教育事业总体格局中稳步发展。这些制度规定一方面保证了我国高等教育国际化工作稳步、有序推进,另一方面也激发了学校、个人推动国际化办学的积极性。

第三节 我国高等教育国际化发展的展望

高等教育国际化是全球化背景下世界高等教育发展的必然趋势,也是发展中国家或地区提升高等教育质量、增强办学活力和提升国际竞争力的重要抓手。改革开放以来,我国高等教育对外开放水平稳步提升,保证了优质高等教育资源拓展和高等教育办学质量的不断提高。当前,我国进入全面深化改革开放新时期,进一步提升高等教育国际化办学水平,增强高等教育全球竞争力也随之成为当前的重大任务。而想要实现这一任务,就需要从以下四点出发,不断完善我国高等教育国际化的发展路径。

一、强化高等教育国际化内涵发展理念

党的十九大明确提出,要加快"双一流"建设并实现高等教育内涵式发展。在高等教育国际化深化发展的时代背景下,这两大目标的实现皆离不开国际化办学及其办学方式的转变。在高等教育内涵式发展诉求下,高等教育国际化也须走内涵式发展道路,即要求通过国际化办学实质性地拓展优质教育资源,并切实提升我国高等教育质量和国际竞争力。具体来说有如下几个基本点:一是要创新国际化办学理念,提升对国际化办学价值的认识高度。国际化不再是传统的国际交流与合作,而是要将其提升到学校发展核心战略之一,能够实质性地从国际高等教育市场获得"为我所需"的办学资源,并持续性提升我国高等教育的国际影响力和竞争力。二是要将国际化要素全维度地整合进我国大学办学全过程,在国际化办学过程中,不仅要积极引进、吸收境外的优质教育教学资

源,并整合于人才培养、科学研究和社会服务等过程之中,还要在办学理念、治理框架等方面主动吸收借鉴。三是要建立起国际化办学的质量评估与风险控制的体制机制。

二、创新高等教育国际化实现形式

将当前单一的高等教育国际化实现形式转变为多样化、立体式的开放办学格局,逐渐丰富高等教育国际化的内涵。从我国高等教育国际化的历史看,更多以单向的人员走出去和办学资源引进来为主,这中间有历史的客观原因。但是,随着我国综合国力和高等教育整体竞争力的不断增强,国际化办学也可以探索新的内涵和实现形式,主要包括如下三个方面:一是服务和嵌入国家大战略,扮演与民心相通的角色和功能,利用学术网络、人员往来、载体平台等加强中外文化交流并积极传播中国声音。二是加强参与国际学术合作的广度与深度,积极参与解决全球重大问题的跨国项目,逐步建构以我为主的大科学工程和大科学计划,不断提升国际话语权、国际声誉和竞争力。三是增强与其他国家的多向互动性,如在人员交流上"走出去"和"引进来"质量的同步提升,中外合作办学上可考虑加快境外科教机构布局,输出优质教育资源、办学模式和中国声音等。

三、注重国际化顶层设计和可持续发展

国际化办学是一项复杂的综合性事业,需要加强政府的顶层设计,以系统性、可持续性的方式推进。在此过程中,要顺应世界高等教育发展趋势,立足于我国高等教育发展阶段性变化,充分发挥国际合作和境外科教资源对优质高等教育资源的放大效应。基于此考虑,应该从如下几个方面着力推进:一是加强高等教育国际化顶层设计,尤其要注重制度设计与政策安排的前瞻性、系统性和可持续性,重视国际化发展的社会整体效应。二是激发我国各层次、各类型高校和各地区政府推进国际化办学的积极性,充分考虑不同情况,探索各具特色的国际化办学模式和实现形式,尤其是国际化引进资源投入方式。三是规范国际化办学活动,进一步推动高等教育国际化内涵式发展,带动、汇集、撬动更大规模的高等教育资源投入。四是打通各类国际化办学活动,实现有机链接和互动,将国际化办学全面融入人才培养、科学研究和社会服务之中。

四、强化社会文化和政治动因并积极参与全球高等教育治理

过去 40 年,我国高等教育国际化的主要动因是经济和学术考量,这有其历史客观原因,也符合当下我国高等教育发展的基本情况。但随我国综合国力和高等教育办学实力不断增强,高等教育国际化的动因和使命理应更为丰富,并涵盖至高等教育国际化动因理论中的社会文化和政治动因。从社会文化动因看,即是要求高等教育组织、部门出于对国家文化认同、不同文化间的理解、公民身份的发展、社会与社区团体的发展等原因,开展国际化办学相关活动。从政治动因看,即是要求高等教育组织和机构出于对外政策、国家安全、技术辅助、和平与相互理解、国家认同、地区认同等原因开展国际化办学。

因此,站在新的历史起点上,我国高等教育国际化工作理应担当起更多的历史使命,包括增进国际和平发展,加强对中国传统文化的传播与创新,维护祖国安全等。党的十八大以来,习近平总书记提出"共建人类命运共同体"理念,要求通过构建人类命运共同体,共享和平发展果实,共同面对发展中的问题和挑战。在此过程中,就需要进一步发挥高等教育不可替代的作用,并且通过国际化办学积极参与全球高等教育治理活动,为构建人类命运共同体发挥中国高等教育的力量。首先,我们应该发挥高等教育在人才培养、科学研究、社会服务、文化传承领域的重要作用,通过高等教育国际合作实现各国人民之间民心相通、合作解决全人类共同面临的重大问题的友好格局。其次,不断提升我国高等教育对外开放水平,增强我国高等教育参与全球治理的能力,参与制定国际高等教育交流与合作的规则、制度和标准,有机构建符合我国利益的高等教育治理体系,输出中国高等教育的成功经验与办学特色。最后,通过国际化办学,将中国传统优秀文化有效传播到世界各地,加大中国文化对世界文明发展的贡献力度,并不断增强我国文化软实力。

第二章
高等教育国际化办学价值取向及绩效评估体系

  题记：在新的发展背景下，我们需要进一步提升高等教育国际化办学水平，通过高水平和内涵式的国际化发展，提升我国高等教育整体办学质量和效益。为此，本书基于对当前世界高等教育国际化发展基本趋势的判断，提出我国开展国际化办学的基本价值取向，并基于此建构起"双一流"建设背景下我国开展高等教育国际化办学的绩效评估体系，由此为我国开展境外优质高等教育资源的引进提供参考和指明方向。

  高等教育国际化办学绩效的价值取向是高校作为一个社会行为组织对其国际化办学行为的终极目的的基本价值判断、价值确认和利益选择，是"如何开展国际化办学及其要实现什么样的办学目标"这一根本目的的体现，并由此构成了高等教育国际化办学绩效评价体系和绩效评价行为的深层结构，深刻影响着高等教育国际化办学绩效目标的设定、评价指标的构建、绩效评估的实施及结果的应用。价值取向是指标体系的灵魂，在指标体系的设计和确立方面发挥着基础性作用，而且决定了指标体系的变迁。[①]"双一流"建设将"加强国际交流与合作"作为重点改革任务，并要求强化绩效考核和动态管理。因此，我们需要强调对各入选高校或学科国际化办学的绩效考核。然而，要做好国际化办学绩效考核，就需要有先进的价值取向做引导，并在此前提下构建出科学、合理和完整的评价体系。

---

① 刘笑霞.论我国政府绩效评价的价值取向[J].北京理工大学学报(社会科学版),2011(6)：9-14,30.

第一节 国内外高等教育国际化办学
绩效评估的发展现状

高等教育国际化伴随着全球化的不断深化发展,以及现代通讯及交通工具的日益便利而逐渐发展起来。自 20 世纪 90 年代以来,我国高等教育国际化得到了突飞猛进的发展,特别是近年来在经济一体化进程不断加快和高等教育国际交流与合作日趋频繁的背景下,不少国家和地区将国际化办学作为其优化高等教育水平的重要战略之一。根据高等教育国际化知名研究者简·奈特的定义,"高等教育国际化"即"在院校与国家层面,把国际的、跨文化的、全球的维度整合进高等教育的目的、功能或传递的过程。"①在此概念内涵指导下,全球高等教育国际化办学无论是规模还是层次皆得到了迅猛发展。想要促进良性发展,就需要在一定的价值取向下建构起相应的指标体系,对国际化办学绩效进行科学、合理、客观的评价。所谓"办学绩效",即:在宏观层面,关注国际化为高等教育带来了哪些附加值或质的差异,这是产出或结果的路径;从微观层面看,关注高校与整个国际化策略的质量。②

世界不少国家、地区、高校也十分重视对国际化办学绩效的评估,例如美国、经济合作与发展组织(Organization for Economic Co-operation and Development, OECD)、日本大阪大学等自 20 世纪 90 年代以来,都独立开发出国际化办学绩效评估指标体系,用以对各自国家和地区高等教育国际化办学绩效进行评估。1995年,出于对全球越来越广泛的跨境教育现象及其办学质量的担忧,由 OECD 下属的"高等教育院校管理委员会"(Institutional Management in Higher Education, IMHE)与"学术合作协会"(Academic Cooperation Association, ACA)合作开展了一项关于质量保障和国际化的研究项目——"国际化质量评价过程"项目(Internationalization Quality Review Process, IQRP)。③ 2001 年和 2006 年,美国教育委员会(American Council on Education, ACE)先后两次对美国研究型大学的国际化现状进行了全国范围的问卷评估,评估内容涉及明确承诺、专业提供、组织架

---

① Knight, J. Internationalization Remodeled: Definitions, Rationales and Approaches[J]. Journal for Studies in International Education, 2004, 8(1): 5-31.
② (加)简·奈特.激流中的高等教育:国际化变革与发展[B].刘东风、陈巧云,译.北京:北京大学出版社,2011:48.
③ 吴枚.大学国际化水平评价体系的比较研究[J].高教探索,2011(5):52-57.

构、外部资金、大学对师资的投入、国际学生和学生项目共六个维度。[①] 此外,我国中山大学等高校也开发出相应指标体系,对我国一些研究型大学进行国际化办学绩效评估。这些国际化办学绩效评估项目的基本情况如表 2-1 和表 2-2 所示:

表 2-1　国际化办学绩效评估项目基本情况[②]

项目名/研究机构	IQRP	ACE	大阪大学	中山大学
评价类型	Review	Review	Evaluation	Evaluation
评价目的	1. 增加对高等教育国际化质量评估和保障的意识; 2. 开发出一套评估系统,作为各大学评估和提高自身国际化质量的指南和框架; 3. 增强国际化对高等教育质量水平提高的正向作用。	1. 帮助美国高等教育机构提升国际化水平; 2. 帮助院校从各种渠道寻求获得国际化发展所需的经费支持。	1. 为不同类型的院校提供检测国际化发展水平和状况的工具; 2. 构建更为实用和全面的大学国际化水平评价指标。	1. 了解中国研究型大学的国际化现状; 2. 分析研究型大学的国际化是否存在差异; 3. 了解如何评价中国研究型大学的国际化; 4. 了解如何消除中国研究型大学国际化的潜在障碍以促进大学发展。
评价方法	调查	调查＋统计	调查＋统计	调查＋统计
是否分类评价	否	是	是	是

表 2-2　五大国际化办学绩效评估项目一级指标体系[③]

指标体系	一　级　指　标
IQRP	院校背景和概况、国际化政策与战略、组织与支持结构、专业与学生、研究合作、人力资源管理、合作协议与服务

① 顾露雯,崔军.美国研究型大学国际化评估指标、策略及对我国的启示[J].高等理科教育,2011(1):71-77.
② 吴枚.大学国际化水平评价体系的比较研究[J].高教探索,2011(5):52-57.
③ 吴枚.大学国际化水平评价体系的比较研究[J].高教探索,2011(5):52-57.

续　表

指标体系	一　级　指　标
ACE	明确的使命、目标和远景、国际化的环境、战略、结构、政策和运作、资源、课程和联合课程、国外学习、与国外大学的联盟、校园文化
日本大阪大学	大学的使命、目标与计划、结构和人员、预算和实施、研究的国际化、支持系统、信息提供和基础设施、多层面的国际化联盟、大学课程国际化、与国外机构的合作项目
中山大学	战略规划与组织机构(10%)、人员构成与交流(40%)、教学与科学研究(40%)、相关条件与设施(13%)、成果交流(23%)

从表2-1和表2-2看,几大国际化办学绩效评估项目各有特点,且都对各自范围内高等教育国际化发展产生了一定的积极作用。从项目的一级指标看,各大评估项目体现出了各自的价值追求,但从整体来看,这些国际化办学绩效评估指标体系的创立时间较为久远,对高等教育国际化最新的发展实践缺乏理解与关照,并且缺乏对国际化办学绩效评估更为深层次的价值取向思考。

近年来,随全球化的加速发展,高等教育国际化也来到一个全新发展阶段,且呈现出一些新的特征,探索出一些新的实现方式。首先,国际化不仅被作为世界一流大学重要办学手段,还是当今世界一流大学的核心特质。例如,耶鲁大学提出要"与世界各地的人们和院校合作,致力于促进文化理解,改善人类状况,深入研究宇宙奥秘,培养下一代世界领导人。"①麻省理工学院则提出"吸引来自世界各地的优秀学生和教师,在全球范围内建立起一流的研究、无与伦比的技术创新和尖端的科学与工程教育等相结合的声誉。"②其次,国际化办学实现手段也呈现出日益多元特征,不仅包括显性的人员交流、科研合作和国际性社会服务等,还包括隐性的不同办学理念之间的互学互鉴,高校管理制度的学习借鉴,国际性多元大学文化的相互融合等。最后,由于国际化办学实现手段不断得到丰富,国家与社会对国际化办学绩效与成果有新的要求。诸如对培养人才的国际视野和全球竞争力、科研国际合作的新内涵等提出了新的要求。

因此,这些高等教育国际化办学的新形式、新内涵以及新的绩效呈现方式,

---

① 　Yale University. About Yale[EB/OL].(2018-03-21).https://www.yale.edu/about-yale.

② 　MIT. Global Education[EB/OL].(2018-03-25).http://global.mit.edu/education.

需要在深刻理解当代世界高等教育发展新特征和新规律的基础上,在先进价值取向的指导下,构建出新的指标体系用以评估,方能全面和深刻反映我国当代高等教育国际化的办学目标和内容、实施战略和结果,并以此价值取向和评价指标体系作为引导我国高等教育采取正确的国际化办学战略,保证"双一流"建设行稳致远的灯塔。

第二节　当代世界高等教育国际化办学特性及绩效定位

运用"绩效"概念来衡量高等教育国际化办学活动的效果,所指的不仅是办学效果层面的概念,还应包括对高等教育国际化实现方式、办学理念、管理制度、资源保障等在内的整体考察。从根本上讲,高等教育办学绩效评估的价值取向源于对当代高等教育国际化自身特性的理解及其绩效定位。

一、高等教育国际化是世界一流大学的基本特质与重要办学手段

由于不同历史时期经济社会发展的条件与水平不同,对高等教育的需求不同,高等教育自身发展所依赖的社会条件也不同,因此,不同历史时期高等教育发展所呈现出的特征与内涵各异。"世界一流大学"是近年来在全球化背景下所产生的概念,这一概念内涵体现了全球化深化发展对高等教育的深刻影响,关于其特征有较多的探讨,也有较为一致的看法,比如,"具有较高的国际化水平"是世界一流大学的共性特征,其主要内容包括:具备国际化的办学视野与理念,能够站在世界前沿思考大学发展方式与未来发展方向;能够培养具有国际视野和全球竞争力的各行各业精英人才;能够开展跨国或跨境的前沿科研项目并产出全球领先的科研成果;能够在全球范围内提供高质量社会服务产品,解决人类共同面临的难题等。因此,高等教育国际化已经不是一种宏观的办学理念,而是成为当今世界一流大学保持办学活力与竞争力的重要手段,也是核心特质之一。前耶鲁大学校长理查德·莱文曾说:"我们的目标就是要成为一个真正的全球大学——不仅为美国培养领导人,探索知识前沿,而且面向整个世界。"[①]因此,

---

① 马万华.全球化、全球参与和世界一流大学建设应关注的问题[J].华中师范大学学报(人文社会科学版),2014(2):148-158.

从人才培养上看,如果说耶鲁大学过去是以培养全美领袖型人才为目标,那么全球大学就要拓展其范围,将之扩大成为世界培养领袖。从科学研究上看,耶鲁大学的科研要关注全世界的课题,从环境、健康到世界和平。[①] 与此同时,哈佛大学校长德鲁·福斯特也认为:"我们是一个美国的大学,但是我们有全球的沟通网络和全球责任"。[②] 因此,国际化办学既是当代世界一流大学保持核心竞争力的手段,也是其基本特质之一。

二、高等教育国际化要求办学主体在全球范围内拓展办学资源

根据简·奈特的观点,高等教育国际化就是"在院校与国家层面,把国际的、跨文化的、全球的维度整合进高等教育的目的、功能或传递的过程。"[③]在高等教育国际化深化发展背景下,与大学发展相关的要素资源在全球范围内流动和配置已成常态。当代世界一流大学在开展国际化办学过程中,不仅将国际高等教育资源整合进办学全过程,还通过自身影响力和办学能力在全球范围内持续拓展和配置教育资源,并进一步扩大在全球范围内的影响力和竞争力。近年来,高等教育走向世界、高等教育全球参与和国际参与成为一些发达国家高等教育国际化的最新政策取向。[④] 高等教育国际化从单向的资源整合走向多向、多维度的资源拓展与配置,这是高等教育国际化从低级阶段走向高级阶段的必然表现形式之一。在全球化时代以及高等教育国际化深化发展的时代背景下,大学办学所依赖的相关资源能够便利地在跨国或区域间流通,唯有具备在全球范围内拓展与配置相关教育资源的大学才能够具有更强的国际竞争力。这些教育资源包括:全球性的学术声誉与影响力、全球性的师资与生源、全球性的科研项目与办学经费等。近年来,越来越多世界一流大学到我国开设异地校区或联合办学项目就是例证。诸如英国利物浦大学在苏州创办西交利物浦大学,美国密歇根大学与上海交通大学联合举办本科学位课程,美国杜克大学在昆山创办昆山杜

---

① Knight, J. Internationalization Remodeled: Definitions, Rationales and Approaches[J]. Journal for Studies in International Education, 2004, 8(1): 5 - 31.
② 马万华.全球化、全球参与和世界一流大学建设应关注的问题[J].华中师范大学学报(人文社会科学版),2014(2): 148 - 158.
③ Knight, J. Internationalization Remodeled: Definitions, Rationales and Approaches[J]. Journal for Studies in International Education, 2004, 8(1): 5 - 31.
④ 马万华.全球化、全球参与和世界一流大学建设应关注的问题[J].华中师范大学学报(人文社会科学版),2014(2): 148 - 158.

克大学,英国爱丁堡大学和美国伊利诺伊大学合办的厄巴纳-香槟分校(UIUC)与浙江大学联合举办浙江大学国际联合学院等。可以预见的是,随高等教育国际化的不断深化,未来的高等教育强国和世界一流大学会日益重视国际办学资源,并将在全球范围内拓展和配置办学资源作为其核心战略之一。

三、高等教育国际化能够为构建人类命运共同体做出贡献

"以天下事为己任"是当代世界一流大学的核心特质。在全球化深化发展背景下,人类社会正面临越来越多共性问题,诸如:全球气候变暖带来的生态环境恶化问题,人类共同面临的疾病威胁,恐怖主义威胁以及贸易保护主义等。这些问题的解决已经远远超出了单一国家的能力范畴,需要全球携手与共,共同攻坚克难。而在此过程中,高等教育,特别是世界一流大学要发挥其中坚力量,因为世界一流大学拥有世界性的影响力与声誉,拥有培养具备国际视野和跨文化合作能力的人才,拥有开展跨国科研和提供跨国社会服务产品的能力。因此,高等教育国际化不仅是世界一流大学提升办学质量与竞争力的重要手段,还是为人类文明进步做出突破性贡献的重要方式。高等教育国际合作能够构筑跨国学术共同体、国际青年共同体和责任共同体,助力人类命运共同体建设。① 与此同时,大学在通过国际合作解决人类共同面临的问题的过程中,也能源源不断获得自身发展所需的资源与动能。一方面,大学可以通过解决人类共同面临的难题获得国际性的声誉与影响力,另一方面也能通过国际化办学构建人类高等教育发展共同体,并主动参与制定未来高等教育发展规则,产出新的理念与发展思路等。例如,我国高等教育目前正积极服务于"一带一路"沿线国家和地区的发展,并在此过程中寻得新的发展机遇;哈佛大学在其最新的国际化战略中提出要帮助降低发展中国家疾病死亡率,如帮助秘鲁降低结核病死亡率等。

四、高等教育国际化办学需兼顾显性与隐性教育要素

在国际化办学实践中,大学主要通过学术和组织策略开展办学活动,并实现办学目标。所谓学术策略,就是指包括学术项目、研究与学者合作、外部关系(国内与跨境)、课外活动在内的各种具体国际化办学活动或项目。而所谓组织策

---

① 洪成文,伍宸.耶鲁大学的当代辉煌与理查德·莱文校长办学思想研究[J].教育研究,2014(7):144-151.

略,就是指支撑国际化办学正常进行的管理、运行、服务与人力资源等方面的内容。学术和组织策略反映在对高等教育国际化办学绩效的评估上,其指标体系也主要反映这两方面的内容,缺乏对隐性的国际教育要素的关注与评估。在国际化办学过程中,隐性的教育要素包括:办学价值取向、大学办学理念和大学文化等。在国际化深化发展的时代背景下,在实践办学中,来自不同政治、经济、文化背景下的办学主体除了采用学术策略与组织策略来推进国际化办学外,还需不断深化在办学价值取向、理念和大学文化等隐性教育要素之间的国际交流、碰撞与融合,通过国际化办学来创新办学理念和文化。近年来在我国日益兴起的中外合作办学机构或项目,就在人才培养模式、办学理念等方面进行积极创新,诸如西交利物浦大学、昆山杜克大学、浙江大学国际联合学院等,都在人才培养模式和办学理念上借鉴、吸收和融合中西方教育的各自优势,并在此基础上积极改革创新,取得了良好的效益。

第三节　高等教育国际化办学绩效
评估的价值取向建构

高等教育国际化办学绩效评估价值是多元价值构成的复合体,并随时代发展而不断发展变化。基于前文对当代高等教育国际化办学特征与未来发展方向的理解与把握,可以构建出国际化办学绩效评估中各核心要素的价值诉求。国际化办学可分为办学目标、办学内容、实施方法以及办学结果呈现等内容,各部分都蕴涵各自价值内涵和持有不同价值取向。

一、坚持工具与终极价值相统一的国际化办学目标价值取向

不同行为主体根据各自立场判断,会持有不同的价值取向,因此也就会有不同的价值取向类型。其中,较有影响力的是心理学家 Rokeach 的分类,他把价值取向分为两大类:终极价值和工具价值。[①]"终极价值"指的是反映人们有关最终要达到目标的信念,"工具价值"则反映了人们对实现既定目标手段、方式方法的看法与选择。[②]就高等教育国际化的办学目标来讲,其终极价值取向是指办

---

① Rokeach Milton. The nature of human values[J].American Journal of Sociology,1973,89(2).
② 王重鸣.管理心理学[M].北京:人民教育出版社,2000:121-122.

学主体要求通过国际化办学达到的最终目标,而工具价值取向则是指办学主体采取什么样的国际化办学模式或者手段来实现既定目标。基于前文对当代高等教育国际化特性的理解和阐释,国际化不仅是世界一流大学保持核心竞争力的重要手段,还是其核心特质之一。在当代世界一流大学的具体办学实践中,早已将国际化要素融入学校办学的全过程,如培养高度国际化的各级各类人才,开展国际前沿的科学研究项目,布局全球的社会服务网等。在当前国际化办学绩效评估过程中,要兼顾工具价值与终极价值,既要考察采取了哪些国际化实现手段,也要考察在国际化特质上的表现,并以终极价值取向为主,国际化办学的本身不是目的,其目的在于根本性地提高学校办学质量和国际竞争力。

二、坚持办学资源引进来与走出去相统一的国际化办学价值取向

在高等教育国际化深度发展的时代背景下,与大学相关办学资源在全球范围内配置已渐成常态,与此同时,是否具备在全球范围内配置教育资源的意识与能力也逐渐成为衡量一个国家、地区以及一所大学办学能力的重要标志。经济全球化的主要动力来自资源跨区域流动和国际分工所带来的效率的提高,从全球化的制度动力看,世界上大多数国家已经走上市场化的道路。伴随着市场化广度和深度的不断拓展,商品、服务、信息、技术和各种生产要素在全球范围内大规模流动和配置,跨境的经济活动日益增多。① 而所谓高等教育资源全球配置,即是在此时代背景下与大学办学相关的师资、生源、学位、课程与教材、办学模式与理念、办学经费等各种要素资源在全球范围内大规模流动与配置,跨境的办学活动日益增多。高等教育国际化工作主体不仅要利用优秀的教育资源来提升自身的办学质量,还应把握时代机会,努力输出属于自己的声音,因此,当代国际化办学工作就要求坚持办学资源引进来与走出去相统一的基本价值取向。特别是对于我国高等教育工作来说,站在新的历史起点上,不仅要进一步加强对境外优质教育资源的引进力度,还要积极实施走出去战略,坚持引进来与走出去相统一的价值取向,以提高我国高等教育在全球高等教育资源配置市场中的竞争力和话语权。

---

① 张汉飞,刘海龙.资源全球配置的风险及其应对[J].亚太经济,2013(5):115-118.

三、坚持显性与隐性相统一的国际化办学实施策略价值导向

在高等教育国际化的高级发展阶段,与高等教育办学相关的所有要素资源会在全球范围内流动与配置,其中既包括显性要素资源,也包括隐性的教育要素。显性要素资源主要包括生源、师资、办学经费、课程、教材、学位项目、科研项目、伙伴关系、管理制度与政策等学术与组织策略方面的要素,能够对大学的办学起直接和显性的影响。相对于显性教育要素资源,那些隐藏于大学组织之中,对大学办学行为起隐性的、潜移默化作用的则可以称之为隐性教育要素,诸如大学的办学价值取向、办学理念、校园文化等。虽然其影响相较间接,但隐性教育要素资源对大学的作用和价值同样不容忽视,其对形成一个国家和地区高等教育的办学特色与核心竞争力有着不可取代的重要作用。纵观世界高等教育格局,那些拥有前瞻性价值取向,先进办学理念与深厚校园文化积淀的大学往往就是世界先进高等教育水平的代表。因此,在新时代的高等教育国际化办学实践中,办学主体要坚持显性策略与隐性策略相统一的价值取向,既要积极开展各种显性要素资源的高等教育国际合作与交流,还要在国际交流与合作中实现不同价值取向、办学理念、大学文化之间的碰撞、交流、融合与创新。

四、坚持质量提升与价值贡献相统一的国际化办学结果呈现价值导向

随全球化水平不断提高,人类在享受全球化带来的经济繁荣和交往便利的同时,也需要共同面对更多复杂、棘手的社会问题。这些问题的解决不仅需要借助政治、经济与外交手段,也同样离不开教育手段,特别是高等教育。因此,新时期的高等教育国际化就不仅是作为办学主体提升办学质量的重要战略选择,还要坚持价值贡献的基本价值取向。所谓"价值贡献"取向,即要求全球化背景下,大学在国际化办学过程中,在不断提升自身办学质量和竞争力的同时,借助自身人才培养、科学研究、社会服务几大功能解决人类面临的重大共性问题,为人类文明的进步发展做出应有的努力与奉献。在办学实践中可体现为:培养具有国际视野、全球竞争力与世界担当,具有跨文化交流与问题解决能力的各级各类高素质人才;开展国际科研合作,解决全球性和重大的科研难题;开展国际性社会服务工作,协助欠发达国家或地区解决社会性问题;发挥高等教育公共外交的作

用,协助政府解决国际冲突与争端等。

综上所述,如表2-3所示,国际化办学全过程均蕴含了丰富的价值取向,其办学目标、内容、实施、结果都有各自不同的价值取向,体现了当今世界高等教育及其国际化发展的新特征与新内涵,这些价值取向的提出既涵盖了当代世界高等教育办学实践的支撑,也有对未来发展趋势的判断与把握。基于这些价值取向建构出的国际化评价指标体系,能够准确把握当代国际化办学的内涵特质,也对未来的实践办学有正向的强化作用。

表2-3　高等教育国际化办学绩效评估价值取向

国际化办学	价 值 取 向
目标	工具价值与终极价值相统一
内容	国际化办学资源引进来与走出去相统一
实施	显性与隐性相统一
结果	质量提升与价值贡献相统一

第四节　基于价值取向的高等教育国际化办学绩效评估体系构建

构建起科学、合理、全面的评估指标体系是高等教育国际化办学绩效评估的关键。一般而言,绩效评估体系需要解答"评估原因""评估什么""评估主体""评估标准""评估方式""评估结果运用"等核心问题,并由此构成集评估目标、评估内容、评估实施、控制与结果反馈为一体的体系。就高等教育国际化办学绩效评估来说,同样需要构建起集国际化办学目标、内容、实施、控制与结果反馈为一体的评估体系。本研究所构建的高等教育国际化评估体系基于对当今世界高等教育国际化特征与未来发展方向的描述与把握,并由此提出国际化办学的四大价值取向,此四大价值取向是建构科学、合理与完善评估体系的价值基础。下文中,将基于这四个价值取向,构建并阐述高等教育国际化办学的绩效评估体系。

一、构建追寻国际化办学特质的目标绩效评估体系

高等教育国际化办学绩效评估的目标导向决定了评估活动的发展重点和方向,也在很大程度上决定办学主体的办学方向与重点。国际化不仅是重要办学手段,更是当今世界大学,特别是世界一流大学的天然特质。因此,在对国际化办学绩效进行评估时,不仅要对国际化实现手段进行评估,还要对办学主体自身所具备的国际化特质进行评价,根本性地实现国际化评估从"数人头""数项目""数论文""数经费"到评价大学通过国际化办学在自身国际化特质实现程度大小上的变化成果。具体来说,绩效评估方向可包括:通过国际化办学所收获的国际影响力与声誉如何;通过国际化办学所体现的国际竞争力如何;通过国际化办学所体现的国际性特质的表现形式如何;通过国际化办学构建出了什么样的国际性人才培养体系、科研体系、社会服务体系等。具体的一级指标及评价方法与目的如表 2-4 所示。

表 2-4　高等教育国际化办学目标绩效评估指标体系

	一 级 指 标	评价方法	评 价 目 的
目标绩效	国际影响力与声誉; 国际竞争力; 国际化办学特质的表现形式; 人才培养体系的国际性特征; 科学研究的国际性特征; 社会服务的国际性特征。	调查统计	体现国际化办学的本质特征; 测度通过国际化办学带来教育价值的增值; 转变工具价值取向带来的评估数量导向。

二、构建全球范围内资源拓展与配置的国际化办学内容绩效评估体系

高等教育国际化绩效评估的内容是指绩效评估的对象或客体,即我们在开展绩效评估过程中所主要考察的对象是什么,而这个对象通常是办学主体在实践办学过程中开展国际化办学所涉及的主要内容。坚持国际化办学资源引进来与走出去相统一的价值取向,揭示了在全球化背景下国际高等教育要素资源全球流动与配置的基本特征与规律。因此,在对国际化办学绩效进行评估时,就不仅需要

关注办学主体通过国际化办学引进了多少境外优质教育资源,还要考察其通过国际化办学在境外输出了多少本土教育资源,以此改变当前我国高等教育国际化评估重视教育资源引进情况,而忽视甚至缺乏对教育资源走出去的关注的现状。具体来说,评估可包括以下几个基本内容:一方面考察国际教育资源引进情况如何,如通过国际化办学引进了多少优质教育项目、多少境外高端人才,以及国际优质生源招收情况等;另一方面考察如何实施"走出去"战略,如在境外开展多少办学项目、本校教师到境外高校任职与交流情况、本校学生到境外一流高校或组织就学与就业情况、本校课程或教材被境外高校采用情况、本校办学理念或相关制度被境外高校或政府吸收借鉴情况等。具体的一级指标及评价方法与目的如表2-5所示。

表2-5　高等教育国际化办学内容绩效评估指标体系

	一　级　指　标	评价方法	评价目的
内容绩效	引进境外优质教育资源的情况(学位、课程、师资等); 国际学生招收数量及质量; 境外办学情况; 本校课程或教材被境外高校采用情况; 本校办学理念或相关制度被境外高校或政府吸收借鉴情况。	调查统计	体现高校在全球范围内配置与拓展办学资源的能力。

三、构建立体国际化实施策略绩效评估体系

想要成功地实现国际化办学目标,离不开立体的实施体系,例如前文所提的坚持显性与隐性策略相统一的实施体系。因此,在对国际化办学实施策略进行评估时,不能只关注大学开展了哪些国际化办学活动与项目,制定了哪些国际化管理制度,成立了哪些国际化推进组织,而是要进一步关注其通过国际化办学吸取和借鉴了什么先进的国际化办学理念与高等教育办学思想,营造并涵育了什么样的优秀校园文化等。具体来说,在评估过程中应包括如下几个方面的内容:一是评估大学国际化办学的学术与组织策略如何;二是评估大学采取国际化办学后在办学价值取向、办学理念和校园文化方面有何转变,具体体现在校领导的办学理念和思想、学校的办学价值取向以及国际性的校园文化建设成果等。具体的一级指标及评价方法与目的如表2-6所示。

表 2-6　高等教育国际化办学实施策略绩效评估指标体系

	一　级　指　标	评价方法	评价目的
实施策略绩效	采取了什么显性国际化办学的组织与项目策略；采取了哪些隐性的价值、理念与文化策略并在实践中产生了什么影响力。	调查统计	体现高校在推进国际化办学手段上的丰富性和深刻性。

四、构建质量提升与价值贡献并重的结果呈现与反馈绩效评估体系

基于前文的论述,当今世界一流大学不仅是具有全球竞争力与高度国际化特质的大学,还是能够在全球化时代具有世界担当精神和价值贡献的意识与能力的大学。因此,在国际化办学结果的评估过程中,就需要坚持质量提升与价值贡献相统一的基本价值取向。也就是说,一方面考察办学主体通过国际化办学在提升自身办学质量上的效果,另一方面考察其通过国际化办学所做出的世界性贡献。从而建立起兼顾质量提升与价值贡献考察的绩效结果评估体系。具体包括:所培养的人才在参与解决国际纠纷与规则制定所做出的贡献如何;所得出的科研成果解决了哪些人类共同面临的重大难题以及提供了什么富有价值的国际性问题解决方案;所开展的社会服务工作解决了哪些有价值的重大国际性问题等。具体的一级指标及评价方法与目的如表 2-7 所示。

表 2-7　高等教育国际化办学结果呈现与反馈绩效评估指标体系

	一　级　指　标	评价方法	评　价　目　的
结果呈现与反馈绩效	科研成果在国际性议题上的采用情况。	调查统计	体现高校采取国际化办学在自身办学质量提升与国际价值贡献上的表现情况。

第五节　本章小结

在我国全面加快建设世界一流大学与一流学科的新阶段,强化绩效考核不仅能提高办学主体的责任意识与使命感,还能督促其坚持正确的办学方向。但

在对一流大学与一流学科进行绩效考核时,有先进的绩效考核价值取向,以及基于此构建起的科学、合理、完备的指标体系是个中关键。高等教育国际化办学绩效评估彰显了办学主体对国际化办学行为的价值取向,也就是说,在全球化与高等教育国际化深刻发展的时代背景下,我们要树立什么样的国际化办学目标,采取什么样的实施路径,有哪些具体的办学内容,并要呈现出什么样的办学结果?因此,有什么样的绩效评估价值取向及评估体系,就会显示出什么样的办学绩效结果,并引导着办学主体所采取的具体办学策略和其所开展的具体办学活动。为此,在"双一流"建设的时代使命下,我们要基于对当前世界高等教育及其国际化基本特征的深刻理解与对未来发展趋势的准确把握,坚持正确的国际化办学绩效评估价值取向,构建出相应的指标体系,并采取恰当的评价方法。高等教育国际化办学绩效评估的最终目标在于对我国高等教育国际化办学提供正向强化作用,为早日实现建成世界高等教育强国的远大目标做出应有的贡献。

第三章
优质高等教育资源引进 70 年历史回眸

题记：1949 年新中国成立后，我国积极发展高等教育事业，并通过对高等教育的社会主义改造为巩固新生政权做出积极贡献。国家政府在当时以积极向苏联学习为主要方式，除了引进苏联的高等教育办学模式外，还积极引进苏联的相关学科专业，聘请苏联专家等。改革开放后，我国加快了教育对外开放水平，并不断以强化境外优质高等教育资源引进的方式来提升我国高等教育办学质量。进入 21世纪，特别是随"双一流"建设工程实施以来，我国全面推进和实施高等教育强国建设战略，并进一步将扩大教育对外开放作为新时期我国教育发展的基本战略方向。在此时代背景下，我们进一步强化了对境外优质高等教育资源的引进力度，引进规格不断提高、类型不断丰富、效益不断提升，但与此同时也呈现出更为复杂的局面，面临着更大的挑战与风险。本章将从历史视角出发，全景展示新中国成立以来我国在不同历史时期引进境外优质高等教育资源的基本行为以及期间表现出的基本特征。

新中国成立初期，受当时的国际国内形势影响，我国在教育上借鉴和模仿苏联教育模式，积极引进苏联丰富的优质教育资源。经过一段时期的发展，我国基本建立起了社会主义教育体系，也初步形成了高等教育蓬勃发展的局面，为社会主义发展培养了大批德才兼备的各行各业优秀人才。

第一节　新中国成立初期全面引进
苏联优质高等教育资源

新中国成立后，我国各项事业百废待兴。当时我国高等教育的改造和发展主要以学习苏联为主,并且以引进苏联的各级各类优质高等教育资源的方式来促进我国高等教育发展。在引进苏联优质高等教育资源的过程中,我们主要有如下几个基本举措:

第一,引进苏联高等教育办学模式开展大学院系调整。1950年6月,第一次全国高等教育会议召开,会议提出高等教育应首先为国家经济建设服务,并将苏联高等教育模式作为高校院系调整的主要资源,为我国高等教育改革的目标和方式规划了蓝图。1951年11月,全国工学院院长会议提出"以培养工业建设人才和师资为重点,发展专门学院和专科学校,整顿和加强综合性大学",标志着新中国成立以来第一次院系调整工作正式拉开序幕。[①] 这一时期,我国对高等教育的院系调整几乎照搬了苏联的高等教育模式。苏联高等教育模式的基本特点包括:以培养忠于工人阶级的、熟练掌握新的先进生产技术的高级专业干部为教育目的,以工农子弟及劳动大众为教育对象,程序化的教学制度,科层化的学校管理制度,高度集权的国家办学体制,重理轻文的高校类型结构。因此,我国在院系调整上主要有如下几个基本举措:① 综合性大学分化改建为单科性院校和文理综合大学;② 私立大学转为公立大学;③ 调整高校布局,内迁教育资源。[②] 表3-1直观地展示了从1949年到1954年我国各类型高等院校数量的发展情况。

表 3-1　1949—1954 年各类高等院校数量

	1949 年	1950 年	1951 年	1952 年	1953 年	1954 年
综合大学	49	50	47	22	14	14
工业院校	28	27	36	43	38	40
农林院校	18	17	15	28	29	29
医药院校	22	26	27	31	29	28
师范院校	12	12	30	33	33	39
财经院校	11	12	19	12	6	5
语文院校	11	6	8	8	8	8

① 李琦. 建国初期全国高等学校院系调整述评[J].党的文献,2002(6):71-77.
② 祁占勇,杜越.新中国70年高等院校的调整变革[J].高等教育研究,2019(12):18-25.

续　表

	1949 年	1950 年	1951 年	1952 年	1953 年	1954 年
艺术院校	18	18	18	15	15	14
体育院校	2	2	1	2	4	6
其他院校	27	20	4	4	1	1
政法院校	7	3	1	3	4	4
合　计	205	193	206	201	181	188

第二,引进苏联学科专业模式以培养社会主义建设者与接班人。大学的主要功能之一便是人才培养。新中国成立后,国家亟待培养出各行各业社会主义建设者。因此,我国开展了大规模的学科专业调整,以培养社会主义现代化建设的高级专业人才。如 1952 年 11 月,教育部关于全国高等农业学校院系调整及专业设置的计划方案,就是参照苏联经验制定。方案中,全国将建成农学院校38 所,专业 130 个,其中农学专业 25 个、果树蔬菜专业和造园专业 12 个、植物保护专业 9 个、土壤肥料专业 7 个、农业经济专业 6 个、属于农业机械化与农田水利的专业 8 个、属于林业的专业 22 个、属于水产的专业 12 个、属于畜牧兽医的专业 25 个、属于蚕桑的专业 4 个,并规定全国 25 所农业本科院校都需要设置农学专业,这样做是因为"苏联经验表明,农业方面必须着重培养具备比较全面知识的农学专家,才能适应需要,否则便不能有效地解决农业生产中各项实际问题,农学专业则正是以培养具有广泛农业知识的农业人才为目的的专业。在苏联这种专业的学生数,占农科总数的 70%,其余比较专门的专业仅占 30%。这个方向完全适合中国目前的情况和需要。"[①]这一时期,我国引进了苏联的学科专业设置模式,对高等教育进行了系统改造,为培养各行各业的专门高级人才奠定了基础。

第三,直接引进苏联优势学科专业以加快我国相关领域的发展步伐。除了前文所讲到的引进苏联教育模式和学科专业组织模式外,新中国成立初期我国

---

① 教育部关于全国农学院院长会议的报告[G]//何东昌主编.中华人民共和国重要文献(1949—1975).海口:海南出版社,1998:179.

为加快培养相关领域专业人才,还采取了直接引进苏联优势学科专业的做法。比如,系统引进了苏联的地理学科,对我国恢复和重建地理学科做出了较大的推动作用。而在学术期刊上刊载翻译和介绍苏联地理学的文章是苏联地理学传入我国的重要形式之一。[①] 如 1950 至 1960 年,《地理学报》共出版 35 期,除内容介绍、编后记、总目录等,共 292 篇文章,其中翻译苏联地理学的文章就有 46 篇,占 16％。[②]

总之,新中国成立初期,我国全面引进苏联优质高等教育资源,不仅在办学模式、学科专业模式上积极学习,还直接引进了诸多对我国社会主义现代化建设有积极作用的学科资源。可以说,这开启了我国高等教育国际化的历程。虽然在引进苏联高等教育资源过程中存在着盲目照搬的问题,但整体来说这一时期我国引进境外高等教育资源的行为对于建立起具有社会主义属性的高等教育体系、培养大批高素质的专业技术人才起到了不可替代的重要作用。

第二节　改革开放后系统引进境外优质高等教育资源

1978 年改革开放后,各行各业急需优秀人才。但这一时期我国高等教育整体水平还不高,需要借助外力,即以国际化办学的方式加快推进高等教育发展步伐。[③] 在此阶段,我国加快了以中外合作办学等方式引进境外优质高等教育资源的广度和深度。从广度看,改变了新中国成立初期主要从苏联引进的局面,逐渐扩大到欧洲和美国等高等教育发达国家或地区;从深度看,在境外优质高等教育资源引进过程中,除了引进学科专业外,还积极借鉴和吸收不同国家和地区高等教育的先进办学理念以及办学模式等。

中外合作办学是引进境外优质高等教育资源,提高在地国际化水平,培养大批具有国际视野的各级各类高素质人才的重要方式。而引进国外优质教育资源是中外合作办学的核心,也是事业成功的决定性因素。[④] 改革开放之初,政府对

---

① 刘盛佳.地理学思想史[M].武汉:华中师范大学出版社,1990:363.
② 刘盛佳.地理学思想史[M].武汉:华中师范大学出版社,1990:374.
③ 伍宸,宋永华.改革开放 40 年来我国高等教育国际化发展的变迁与展望[J].中国高教研究,2018(12):53－58.
④ 林金辉.中外合作办学中引进优质教育资源问题研究[J].教育研究,2012(10):34－38＋68.

开展中外合作办学十分谨慎,合作多表现为高校层面的合作举办培训班或学位项目,具体项目有 20 世纪 80 年代的复旦大学中美法学班、中国人民大学中美经济学班等。这些合作项目为我国社会主义现代化建设培养了一大批具有国际视野的专门人才。1993 年 6 月,国家教委出台了《关于境外机构和个人来华合作办学问题的通知》,指出要在有利于我国教育事业发展的前提下,有选择地加以引进和利用境外的管理经验、教育内容和资金;提出了"积极慎重、以我为主、加强管理、依法办学"的原则。1995 年 1 月,国家教委颁布的《中外合作办学暂行规定》明确指出,"中外合作办学是中国教育对外交流与合作的重要形式,是对中国教育事业的补充",并对中外合作办学应当遵循的原则、办学的范围与主体、办学的审批权限和程序、领导体制、文凭发放以及合作办学机构的管理、监督等做出了比较明确的规定。2003 年 3 月 1 日,国务院颁布了《中华人民共和国中外合作办学条例》,并于该年 9 月 1 日起正式施行。该《条例》是我国颁布的最为完善的有关中外合作办学的法规,确定了中外合作办学的定位从"中国教育事业的补充"到"中国教育事业的组成部分"的转变;中外合作办学的方针从"积极慎重、以我为主、加强管理、依法办学"到"扩大开放、规范办学、依法管理、促进发展"的演进,表明了国家对中外合作办学的鼓励和支持,标志着我国对中外合作办学的规范和管理进入了一个崭新的阶段。自此,我国中外合作办学进入了快车道,各种形式的中外合作办学机构如雨后春笋般涌现。根据最新相关统计数据显示,"经教育部批准和备案的各层次中外合作办学机构和项目近 2 300 个,其中本科以上机构和项目近 1 200 个"。① 中外合作办学已是我国引进境外优质高等教育资源最为重要的方式之一,主要通过创办中外合作办学机构或开展中外合作项目的形式来系统引进境外优质高等教育资源。

第三节　高等教育强国建设背景下
强化教育资源引进

　　党的十八大后,"双一流"建设标志着我国进入高等教育强国建设新阶段。以推进世界一流大学和一流学科为抓手,全面提升我国高等教育的质量与国际

---

① 数据来源:中外合作办学监管工作信息平台:https://www.crs.jsj.edu.cn/index/sort/1006.

竞争力。在高等教育国际化深化发展的时代背景下,借助国际化办学,尤其是大力引进境外优质高等教育资源是实现预期目标的重要方式。因此,近年来,我国掀起了一股以高水平中外合作办学来引进境外优质高等教育资源的热潮。

"高水平中外合作办学"是在建设高等教育强国过程中我国高等教育的重要组成部分;是创新大学办学理念、管理制度与全面提升高等教育质量的重要抓手;是在与外方高等教育机构平等互利的基础上,在办学水平、办学理念与办学目标相对一致的前提下建立的新型合作办学关系;是在此过程中主动参与高等教育国际规则的制定,全面融入世界一流学术圈,建构具有中国特色和标识的高等教育理念及管理制度的方法策略。在这一阶段中,我国高水平合作办学工作主要有以下特征:第一,强调在中外合作办学过程中的主动性与控制力。在传统中外合作办学体系内,外方机构在治理结构、人才培养、科学研究等方面占据主导地位,中方机构则更多处于被动地位,往往缺乏办学主动性与控制力,缺乏对本土问题的观照意识与解决能力,面临失去教育主权而被纳入他国教育体系之内的潜在危险。为此,高水平的中外合作办学主体在中外合作办学过程中主动参与治理结构设计,例如与外方机构共同设计人才培养模式,与外方机构共同参与重大科研项目开发等,以此培养出具备本土意识与解决本土问题能力、国际视野、全球竞争力与世界担当的各行各业高素质人才,最终在此过程中获得中外合作办学的控制力。第二,强调教育理念与教育制度创新,以及办学质量提升的立体性维度。办学主体通过高水平的中外合作办学,不断摸索出先进的高等教育管理制度,并以此形成示范效应与"鲶鱼效应",从而整体性地促进我国高等教育办学理念与制度创新,提升高等教育办学质量。[①]

因此,近年来出现了以浙江大学国际联合学院、华南理工大学国际校区、上海纽约大学等办学机构为代表的高水平中外合作办学机构。这些机构提供系统的顶层设计,从办学理念、办学体制机制、人才队伍以及课程资源等方面实现了全方位的引进、吸收与内化。同时提供境外优质高等教育资源的引进,切实提高我国高等教育的办学效益与办学质量。

总之,新中国成立 70 多年以来,我国充分借助引进境外优质高等教育资源

---

① 伍宸,宋永华,赵倩."高水平中外合作办学"的理念与实践[J].中国高教研究,2017(2):29-31.

以发展和壮大高等教育水平,并在不同历史时期呈现出了不同的历史特点。在新中国成立初期,我国主要以向苏联学习和引进其优质高等教育资源为主,并逐渐实现了高等教育的社会主义改造,建立起了具有中国特色的高等教育体系,通过引进苏联优质高等教育资源培养了大批德才兼备的各行各业专业技术人员,改革开放后,我国加快了高等教育发展步伐,并随着改革力度的强化而不断加强国际化办学力度,提升高等教育质量与国际竞争力。因此,不断探索以多样化的方式和途径引进境外优质高等教育资源,国家也适时出台了相关政策文件予以引导和规范,无论是引进的规模和深度都得到了前所未有的发展。当前,以中外合作办学的形式深度引进境外优质高等教育资源已经成为我国高等教育事业发展的重要组成部分,也能够在我国高等教育发展过程中充分发挥其媒介效应,是链接我国高等教育与世界高等教育体系的重要方式。

第四章
境外优质高等教育资源标准理论建构

　　题记：理论是实践的先导，来源于实践并指导实践。之所以要在新时期强调境外优质高等教育资源的引进力度，就是因为在全球化时代，国际高等教育资源要素的跨境流动与配置已成为世界范围内高等教育发展的基本态势。我国作为高等教育发展中国家，也要充分融入国际高等教育发展体系，通过国际化办学不断提升我国高等教育内涵式发展质量。在此过程中，一是要明确高等教育国际化与内涵式发展之间的逻辑联系；二是要明确境外优质高等教育资源引进的特质是什么；三是要明确境外优质高等教育资源的定性及定量标准各是什么。

　　"加快一流大学和一流学科建设，实现高等教育内涵式发展"是新时期我国高等教育的核心发展使命与重要发展方式。在全球化背景下，高等教育国际化与内涵式发展在理论与实践上具有内在逻辑自洽性。通过对高等教育国际化及内涵式发展历程与当代内涵的梳理与分析可以发现，两者在促进高等教育理念和模式的改革与创新、要素和资源的整合与配置、结构和功能的优化与调整、质量和声誉的提升与传播上实现了理论的逻辑自洽。因此，需要进一步强调借助高等教育国际化办学促进其内涵式发展方式的转型。

第一节　高等教育国际化与内涵式发展

一、理论背景与问题提出

　　在《统筹推进世界一流大学和一流学科建设实施办法（暂行）》中，国家将国际交流与合作作为"双一流"建设的高校与学科的重要遴选条件之一。在《关于高等学校加快"双一流"建设的指导意见》中,也将"深化国际合作交流"作为七大改革任务之一。由此观之,"双一流"建设工程将高等教育国际化的重要性提高到了前所未有的高度。之所以将国际合作与交流作为"双一流"建设的重要遴选条件和改革任务,有其客观必然性。在经济全球化深化发展的时代背景下,借助国际化推进高等教育事业的发展已成为世界各主要国家或地区政府以及各大高校普遍性的宏观政策和战略选择。我国作为高等教育发展中国家,理应以更开放的态度积极主动地融入世界高等教育体系,一方面借助国际化不断提升我国高等教育实力和核心竞争力,另一方面也通过国际化办学展示我国高等教育所取得的成就,为推进人类文明进程做出应有贡献。

　　国际化是我国高等教育发展的重要战略选择,推进高等教育国际化是高校内涵建设的重要任务。[①] 借助国际化办学,可以不断丰富高等教育发展的内涵,比如引进世界一流大学和特色学科,开展高水平人才联合培养和科学研究联合攻关项目;以高等教育走出去为重点,扩大与发展中国家教育合作交流,推动我国高水平教育机构境外办学,推动政府间学历学位互认,提高我国高等教育的国际影响力。[②] 因此,办学主体能够借助高等教育国际化将其内涵式发展所需要的相关要素从国际教育市场整合进自身的办学体系之中,不断提升内涵式发展水平。与此同时,在高等教育国际化的高级发展阶段,其自身的实现方式与内涵也在不断发生着变化,并已逐渐告别了浅层次的国际交往与合作阶段,内涵式的国际化实现方式已逐渐在我国高等教育体系中占据重要地位。高等教育国际化的内涵式发展,即在院校与国家层面,把国际的、跨文化的、全球的维度高质量地整合进高等教育的目的、功能或传递的过程,并实质性、持续性提升学校办学质量、增强核心竞争力。[③] 可以说,在高等教育国际化发展的高级阶段,高等教育国际化自身的发展方式和目的与高等教育内涵式发展有着天然的内在联系和逻辑一致性。因此,在我国高等教育发展新阶段,在高等教育国际化深刻发展的宏观格局下,我们需要进一步分析国际化办学与内涵式发展的逻辑自洽性,实现的内在机理以及能够得到稳步推进发展的实践框架。

①　钟秉林. 推进高等教育国际化是高校内涵建设的重要任务[J].中国高等教育,2013(13):22-24.

②　周海涛,景安磊,刘永林.增强高等教育内涵式发展能力[J].教育研究,2018(4):62-67.

③　伍宸,宋永华.高等教育国际化内涵式发展的依据、维度及实现路径[J].中国高教研究,2018(8):17-22.

二、高等教育国际化与内涵式发展的逻辑自洽性分析

自洽性(Self-consistency)是自然科学领域中经常使用的一个概念,源于逻辑学,主要是指带有主观性的自我协商、自我控制、自我允准和自我认同,是概念、观点、假设、结论之间的内在一致性。[①] 社会科学领域中的自洽性概念,主要研究理论体系的"内在紧张性",它反映了构成理论体系的各个要素及其分支体系的相容性与一脉相承性,并通过假设、推理、结论、实践验证等基本步骤凸显理论本身的与时俱进品格。也就是说,两个理论体系是否具有逻辑自洽性,就是考察该理论体系能否随实践发展而不断修正和丰富理论内涵,不断地自我建构和自我完善。就本研究来说,高等教育国际化与内涵式发展两个概念的理论内涵是否具有逻辑自洽性,就是考察其是否随着实践发展不断修正和丰富各自理论内涵,不断地自我建构和自我完善,最终反映两个理论体系的各个要素及其分支体系的相容性与一脉相承性。

(一) 高等教育国际化概念内涵的历史嬗变

概念(Concept)是人类在认知世界的过程中,从感性认识上升到理性认识,并通过把所感知的事物的共同本质特点抽象出来,加以概括,形成的概念式思维惯性。因此,高等教育国际化这一概念也同样是对高等教育办学者在全球化语境下所持有的办学理念、办学模式、办学目标等共同本质特点的抽象性、概括性的一种表达和思维惯性。高等教育国际化的概念内涵受到特定历史发展时期的影响,是各个特定历史时期内高等教育国际化办学活动所呈现特征的高度凝练与呈现,并反映了各个时期办学主体对高等教育国际化办学活动的态度、价值取向等基本理性认知要素。对高等教育国际化概念内涵嬗变做历史性分析,有助于让我们更深刻地理解当今高等教育国际化概念的内涵和外延。总体来说,"高等教育国际化"这一概念内涵也经历了从低级到高级,从外延式到内涵式发展的基本历程。

1. 高等教育国际化概念的萌发阶段

作为办学主体的一种办学行为和策略,高等教育国际化的理念、动因、策略与实现方式,以及国际化办学的广度与深度等都要受到相应的国际政治、经济以

---

① 张国启.论社会主义意识形态的逻辑自洽性及其当代意义[J].马克思主义研究,2011(11): 101-109.

及国家之间交往方式的直接或间接影响。因此,通过对高等教育国际化概念内涵历史嬗变的梳理,有助于帮助我们全面掌握其发展变化的基本规律。高等教育国际化萌发于 20 世纪 30 年代,但由于受第二次世界大战以及随后国际局势不稳定的影响,发展十分缓慢。在初级发展阶段,国际化仅为高等教育一般性或外延性的办学活动,还未成为其核心的价值诉求和重要办学策略。高等教育国际化概念最早也可以追溯到 20 世纪 30 年代,学者黑斯廷斯·拉什达尔(Hastings Rashdall)提出"高等学校国际化是一种将国际意识与大学的教学过程与科研方式相结合的趋势与过程"。① 第二次世界大战结束后,在相对稳定的国际局势下,第三次工业革命如期而至,世界迎来了全新发展局面。但与此同时,国家区域间发展差距也逐渐拉大,以英美等发达国家为代表的西方世界发展水平远远超过了广袤的亚非拉等地区。因此,此阶段的高等教育国际化也呈现出了其鲜明的时代特征,主要以发达国家针对发展中国家开展教育援助为主。如学者弗里曼·巴茨(R. Freeman Butts)就认为"国际化的高等教育应包括国际化的课程内容、培训流动、跨国研究、研究者和学生的跨国流动、保证教育扶持与合作的国际体系"。② 进入到 20 世纪 80 年代以后,随现代交通与通信技术的进一步发展,国际间在高等教育领域的合作交流进一步得到深化和拓展。因此,国际化普遍体现在院校层面及其一系列的活动之中。在 1992 年,斯蒂芬·阿姆(Stephen Arum)和杰克·范·德·沃特(Jack Van de Water)就认为国际化是指"有关国际研究、国际教育交流和技术合作范围内的各种活动、项目与服务"。③ 在此阶段,概念内涵反映了高等教育的一般性和浅层次的交往与合作,国际化尚未成为各国或地区高等教育办学者的核心战略选择与价值诉求,国际化的办学策略与手段相对较为简单,动因也较为单一。

　　2. 高等教育国际化概念的发展成熟阶段

　　随全球化进程的不断推进,特别是进入 21 世纪后,高等教育在世界范围内的交流与合作进入到新的层次,在深度与广度上有新的要求,其概念也有了新的

---

① RASHDALL H, EMDEN A B. The universities of Europe in the Middle Ages[M]. Oxford University Press,1936.

② BUTTS R F. Civilization as Historical Process: Meeting Ground for Comparative and International Education[J]. Comparative Education,1966,3(3):155-168.

③ ARUM S & WATER J V D. The Need for a Definition of International Education in U.S. Universities [C]. KMASEK, S. Bridges to the Future: Strategies for Internationalizing Higher Education[M]. Carbondale, Illinois: Association of International Education Administrators, 1992.

发展。在此阶段,除了大学自身强化了国际化办学工作,并以此提升学校办学质量与核心竞争力外,一些国际组织也纷纷加入推进国际化办学的进程之中。因此,在此阶段,高等教育国际化的内涵有了更深入的发展。1997 年,马利克·范·德·沃德(Marijk van der Wende)以及西蒙·马金森(Simon Marginson)就提出"高等教育国际化是经济政治和信息技术全球化的结果"。① 与此同时,国际组织也纷纷推动高等教育国际化发展,并纷纷为国际化的概念做出定义。较有代表性的观点当为国际大学联合会(International Association of Universities,IAU)给出的定义,其认为"高等教育国际化是把跨国际和跨文化的观点和氛围与大学的教育工作、科研工作和社会服务等主要功能相结合的过程。而且是个包罗万象的变化过程,既有学校内部的变化,又有学校外部的变化;既有自上而下的,又有自下而上的,还有学校自身的政策导向"。②

2004 年,简·奈特将高等教育国际化的定义修订为"在院校与国家层面把国际的、跨文化的、全球的维度整合进高等教育的目的、功能或传递的过程。"③其中,"过程"的表述旨在说明高等教育国际化是一个持续向前发展的过程,同时也指国际化这一概念本身在不断演变和发展。国际化、跨文化与全球性三位一体的概念群,共同反映出国际化的概念范围,共同说明了国际化过程在广度和深度上的丰富内涵。"目的"、"功能"与"传递"这三个概念则包含了高等教育从宏观到微观的多种要素。④ 在发展成熟阶段中,高等教育国际化的概念反映了当时的高等教育工作需要在多维度上借助国际化办学以实现自身办学内涵的丰富与发展。

3. 高等教育国际化概念的深化发展阶段

在经济全球化深化发展新阶段,特别是在发展中国家高等教育不断崛起的时代背景下,高等教育国际化的概念内涵得到了进一步的丰富与拓展。在这一阶段中,高等教育国际化的概念内涵要求办学主体将高等教育相关要素全面融

---

① WENDE M V D, MARGINSON S. Globalization and Higher Education[J]. OECD Education Working Papers, 2007, 8(1): 137-139.

② ALTBACH P G. Higher Education Crosses Borders: Can the United States Remain the Top Destination for Foreign Students?[J]. Change, 2004, 36(2): 18-25.

③ KNIGHT J. Internationalization Remodeled: Definitions, Rationales and Approaches[J]. Journal for Studies in International Education, 2004, 8(1): 5-31.

④ 简·奈特.激流中的高等教育:国际化变革与发展[M].刘东风,陈巧云译.北京:北京大学出版社,2011: 26-27.

入世界高等教育体系,通过国际化办学,一方面不断提升自身的办学实力与核心竞争力,另一方面也通过更为广泛的国际交流与合作解决人类共同面临的问题,并在此过程中获得国际性声誉和影响力。但在实践办学过程中,我们依然缺乏对国际化概念的新认识,因此,在实践办学过程中仍然停留于对一些国际性、外显教育要素的过度追求,而忽视了国际化办学的实质内涵。因此,在新的历史背景下高等教育国际化办学的概念内涵要体现出新的价值取向,要能够客观反映当代高等教育国际化的办学特征并指引正确发展方向。具体来说包括:高等教育国际化不仅是当今世界一流大学保持核心竞争力的重要手段,还是其基本特质;不仅要将国际办学资源整合进办学全过程,还要求在全球范围内拓展和配置办学资源;不仅要将高等教育国际化作为提升办学质量与增强竞争力的手段,还要通过国际合作解决人类共同面临的问题,为构建人类命运共同体而做出贡献;不仅需采取显性学术与组织策略,还需要重视隐性教育要素的跨境流动并相互借鉴吸收。① 因此,高等教育国际化的概念内涵需要在此价值取向下得到新的发展和丰富,即高等教育国际化的办学主体应在先进办学理念指引下,借助多种形式的国际化办学策略,多方位地将国际性教育要素以及资源整合进或配置到自身或全球高等教育体系之中,以此达到实质性提升自身办学质量与核心竞争力,同时为人类共同面临问题的解决做出贡献的根本目的。

(二) 高等教育内涵式发展之概念及其在全球化背景下的新发展

高等教育作为一个国家或地区一定时期内有组织的社会性活动,其发展理念与模式,战略选择等均会受到所处时代、国际、国内局势的影响。因此,就我国当下的高等教育发展来说,同样需要在充分研判国际国内局势的前提下做出理性的战略选择。党的十九大报告明确提出,要"加快一流大学和一流学科建设,实现高等教育内涵式发展"。要实现我国高等教育的内涵式发展,就需要置身于全球化和我国对外开放水平不断提升的宏观背景之下。因此,我们需要对高等教育内涵式发展的概念有新的理解,以此更好地指导相应实践活动的开展,达到预期目标。

1. 中国语境下高等教育内涵式发展的概念表征

近年来,高等教育内涵式发展已成为理论与实践关注的重点和热点问题,相

---

① 伍宸,宋永华."双一流"建设背景下高等教育国际化办学价值取向及绩效评估体系建构[J].中国高教研究,2019(5):6－12.

关研究成果可谓汗牛充栋。不少研究者都从不同视角对高等教育内涵式发展的概念做出了解析和界定。如从发展经济学视角看,我国高等教育实现内涵式发展模式转型,就是对高等教育生产要素的重新配置,以实现高等教育质与量双维度和谐发展,主要包括对有形生产要素和无形生产要素两大方面的调整和重构,以实现单一生产要素的优化及要素结构的重新配置。[①] 高等教育内涵式发展概念还可以从不同维度来理解,例如从宏观和微观两个维度来考察,所谓宏观的高等教育内涵式发展是指在保持高等教育系统规模稳定或小幅增长的背景下,通过调整或优化结构、提高水平和质量的方式,使高等教育发挥更大更好的功能;微观的高等教育内涵式发展主要涉及高校的教育教学及其功能的发挥。[②] 还有研究者从形式与内容上,对内涵式发展的概念做出解析:"内涵式发展"在形式上区别于外在性发展,是从事物的本质属性出发的内在性发展;从内容上看,"内涵式发展"是一种由事物内部各组成要素共同协调推进,使内容更丰富、更有活力的发展理念。[③] 因此,从不同的视角看,高等教育内涵式发展即摒弃过去那种过度投入物质,且以过度追求数量、规模与速度为核心价值取向的办学模式,转而追求质量提升与结构优化相统一、理念创新与价值涵育相统一、规模扩张与办学效益相统一、发展速度与品质凝练相统一、物质投入与制度建设相统一的内生性发展模式。其根本目的在于以更少的人力、物力、财力投入实现办学效益的最大化,最终提升我国高等教育的质量与核心竞争力。

2. 全球化背景下高等教育内涵式发展概念的新发展

近年来,尽管贸易保护主义以及单边主义有所抬头,但经济全球化依然是不可逆的国际大趋势。在经济全球化助推下,高等教育国际化的深度与广度也同样得到了前所未有的发展。因此,在此背景下的高等教育内涵式发展的概念内涵也同样需要得到丰富与发展。具体来说,可以从如下几个维度做出理解和阐释:首先,高等教育内涵式发展置身于高度国际化的时空背景下,其发展理念与价值取向、发展模式与实施策略、发展目标制定以及发展质量监控等均不可避免地要受到相关国际环境的影响,这是开展内涵式发展相关实践活动的基本前提。

① 伍宸,洪成文.论中国高等教育发展模式的转型——基于发展经济学的视角[J].现代教育管理,2013(7):11-16.
② 别敦荣.论高等教育内涵式发展[J].中国高教研究,2018(6):6-14.
③ 崔瑞霞,谢喆平,石中英.高等教育内涵式发展:概念来源、历史变迁与主要内涵[J].清华大学教育研究,2019(6):1-10.

其次,高等教育内涵式发展要能达到预期目标,需要借助国际化办学实现诸如办学理念的创新、办学模式的转型、办学内涵的丰富以及办学质量的监控等目标的达成,这是开展内涵式发展相关实践活动的基本依据。最后,高等教育内涵式发展成果需要通过国际化办学得到充分展示,诸如我国高等教育办学理念的创新、核心竞争力的体现以及先进办学经验的推广等,都需要借助国际化办学而得以展现,最终从根本上提升我国高等教育国际影响力。总的来说,我国高等教育内涵式发展要置身于国际化的时空背景下,借助国际化办学实现办学理念与模式的创新、实现教育要素与资源的整合与配置,实现办学结构与功能的优化与调整,实现办学质量与声誉的提升与传播等目标。

(三) 高等教育国际化与内涵式发展概念内涵的逻辑自洽

基于前文对新时期高等教育国际化以及内涵式发展概念内涵的分析,我们可以做出这样的一个基本判断——两者的概念内涵能够实现逻辑自洽。首先,在全球化深化发展时代背景下,高等教育国际化的概念内涵得到了进一步的丰富与发展,其概念内涵要求办学主体在先进办学理念指引下,借助多种形式的国际化办学策略,多方位地将国际性教育要素以及资源整合进或配置到自身或全球高等教育体系之中,以此达到实质性提升自身办学质量与核心竞争力,同时为人类共同面临问题的解决做出贡献的根本目的。

其次,在高等教育国际化深化发展时代背景下,我国高等教育内涵式发展的概念内涵也同样得到了丰富与发展,主要要求借助国际化办学实现办学理念与模式的创新、办学内涵的丰富以及办学质量的提升与监控等目标,同时需借助国际化办学展现内涵式发展的成就,提升我国高等教育声誉与国际影响力。因此,两个概念都要求实质性提升学校办学内涵与质量,实现办学理念与模式的改革与创新、教育要素与资源的整合与配置、办学结构与功能的优化与调整、办学质量与声誉的提升与传播等目标。因此,两个概念内涵实现了逻辑的自洽与统一,这也是在实践办学活动上实现两者有机统一的理论前提,其逻辑自洽的思路如图 4-1 所示。

三、国际化办学助力高等教育内涵式发展的实现机制

前文对本研究两个核心概念之内涵做出了解析,两者在概念内涵上能够做到逻辑自洽,即在全球化深化发展的时代背景下,高等教育国际化与高等教育内

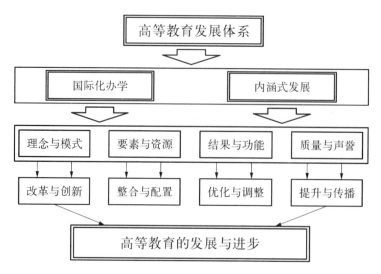

图 4-1　高等教育国际化与内涵式发展的逻辑自洽思路

涵式发展的价值诉求与实践方略等能够做到有机统一,国际化办学是实现高等教育内涵式发展的重要方式之一。因此,我们需要通过办学理念与模式的改革与创新,教育要素与资源的整合与配置,办学结构与功能的优化与调整,办学质量与声誉的提升与传播等方式来探索国际化,助力高等教育内涵式发展的实现。

(一)借助国际化办学实现办学理念与模式的改革与创新

大学理念是人们对大学本体的基本看法,关于"大学应然"的理性认识,是渗透人们对大学的价值取向和价值要求的"好大学"观念,是人们观念中的大学,想说明的是"大学应该是什么"。① 自现代高等教育机构诞生以来,对大学理念与办学模式的创新一直都是世界范围内高等教育改革创新的核心与先导性问题。从世界高等教育办学理念与模式的改革与创新历程看,无不体现着国际交流与合作的重要性,例如,正是因为对德国柏林大学办学理念与模式的学习借鉴与吸收,美国才实现了对其研究型大学办学理念的改造与创新。在当前全球化深刻发展的时代背景下,不同国家区域间大学的办学理念与模式正在以更加广泛和紧密的方式发生着关系,互相影响、互相借鉴,并在此过程中不断得到改革创新。就我国来说,高等教育办学理念与模式的改革与创新,既要立足我国国情,继承高等教育发展的传统,同样也需要大力借助国际化,从世界范围内借鉴、吸收一

---

① 眭依凡.大学理念建构及其现实问题思考[J].中国高教研究,2011(6):8-15.

切先进的办学模式与理念,近年来在我国兴起的中外合作办学就是典型案例。通过引进境外优质高等教育资源开展合作办学,从而实现办学理念与人才培养模式的改革与创新,例如浙江大学通过与国外多所大学合作办学,创办了浙江大学国际联合学院,树立了以培养具有家国情怀、国际视野、全球竞争力和世界担当的一流人才为己任的办学理念,构建起了以联合学院、文理学院、书院为核心,专业教育、通识教育、养成教育并重的全人教育培养体系。①

(二) 借助国际化办学实现教育要素与资源的整合与配置

高等教育国际化深化发展的其中一个典型特征便是与高等教育办学相关的要素资源在全球范围内流动与配置,对全球范围内要素资源的整合与配置能力也成为衡量一个国家或地区高等教育办学实力与竞争力的重要标准之一。具体包括:是否能从世界范围内获取办学所需的高质量人力资源,是否能够在世界范围内开展科研合作并获取科研资源,是否能够在世界范围内拓展办学所需物质资源等。就高等教育办学来说,其核心资源就是高质量的师资和生源、充裕与稳定的办学经费、广泛与实质性的国际交流与合作等。因此,在国际化背景下,我国高等教育要实现内涵式发展,除了立足国内,充分利用相关办学要素资源,还要进一步放眼世界,在世界范围内整合与配置相关教育要素资源。诸如通过国际合作引进境外高水平的师资、高质量的课程与教材资源,引进国家急需的相关学科专业,吸收世界范围内的优质生源等。

(三) 借助国际化办学实现办学结构与功能的优化与调整

高等教育系统是一个由诸多要素构成的开放复杂系统,系统要素间有序与无序的关系,以及系统内部要素与外部环境的互动作用,共同造就了高等教育结构。② 具体来说,高等教育结构大致可以分为宏观结构和微观结构,前者包括区域结构(布局)、层次结构、科类结构等,后者包括学科专业结构、队伍结构、知识结构等。③ 基于结构功能主义的基本观点,一个组织或有机体在一定时期内呈现出什么特点以及具备什么样的功能是由其基本结构所决定。因此,当前我国高等教育是否能够完成其使命,具备为国家经济社会发展做出实质性贡献的功

---

① 浙江大学.浙江大学国际联合学院官方网站[EB/OL]. https://www.intl.zju.edu.cn/zh-hans/introduction. 2020-02-16.

② 何晓芳,迟景明.我国高等教育结构形成与演进激励的要素分析[J].高等教育研究,2018(11):20-24,36.

③ 韩延明.高等教育新论[M].济南:山东人民出版社,2012:81.

能,也是由其结构所决定。但是,在当前我国高等教育发展过程中,能够发现高等教育结构依然存在一些问题,主要表现在如下几个方面:一是人才层次结构问题,中低端人才过剩而高端人才供给不足;二是学科专业结构问题,毕业生专业素质滞后于市场需求;三是研发经费结构问题,经费规模小、渠道窄、配置不平衡;四是科技创新结构问题,即科技投入与成果转化不匹配。① 因此,我国亟待通过多种手段对高等教育结构进行优化和调整,其中一个重要方法便是大力借助国际化办学。具体来说包括:通过中外合作办学的方式引进我国经济社会发展亟须的学科专业;通过与世界顶尖大学开展联合培养的方式培养各级各类高层次人才;通过建立国际科研创新平台融入世界先进科技创新体系,一方面将我国相关科研成果推向世界,另一方面也将国际先进科技成果引入到我国。总之,我们要充分认识到当前我国高等教育结构方面存在的问题,并充分利用高等教育国际化办学实现结构的优化与调整。

(四) 借助国际化办学实现办学质量与声誉的提升与传播

无论是借助高等教育国际化办学,还是走内涵式发展之路,都是办学者为了达成一定办学目标而采取的相应办学手段,其根本目的都在于不断提升我国高等教育的质量与声誉。就提升高等教育办学质量来说,其表现就是要培养出具有全球竞争力的人才,是要做出世界领先的科研成果,是要具备服务国家振兴与推动人类文明进程不断进步发展的能力。就提升大学办学声誉来说,就是指一个国家或地区的大学能够在世界范围内产生广泛的影响力,具备对优质人力、物力和财力等资源的高度吸引力,也包括利益相关者对其办学行为的高度信任感。更进一步讲,大学声誉是指大学作为一类特殊的社会组织形式,依靠其过去的行为和可以预见的前景所获得的大众信任和赞美的程度,是大学综合实力和社会形象的外在表现,其核心是知名度与美誉度。② 大学办学质量与声誉是一枚硬币的两个面,有着天然的不可分割的有机联系。大学良好声誉的形成建基于其上乘的办学质量,包括人才培养、科学研究与社会服务等多方面的实力,而良好的办学声誉又能反过来促进办学质量的提升。

因此,在全球化背景下,我国高等教育要充分借助国际化办学实现办学质量

---

① 徐小洲,辛越优,倪好.论经济转型升级背景下我国高等教育结构改革[J].教育研究,2017(8):64-71.
② 郭丛斌,刘钊,孙启明.THE 大学声誉排名分析与中国大学声誉提升策略探析[J].教育研究,2017(12):51-59.

的提升以及办学声誉的传播。就提升办学质量来说,可以国际化办学之路汇聚全球优质教育资源,并应用于人才培养、科学研究和社会服务等方面,不断向世界先进高等教育体系靠拢。就提升办学声誉来说,能够招收来自不同国家和地区的高水平学生,能够引进国际高水平的师资,能够建立起高水平的国际化校园服务体系,能够创造更多条件,让我国教师和学生走出国门;同时,可借助国际化发展战略,制定我国大学声誉提升与传播专项计划,以多种手段和渠道向世界宣传我国高等教育的办学成就、优势与特色,以此形成广泛与良好的办学声誉。

四、国际化促进内涵式发展的实践框架:以哈佛大学国际化发展战略为例

"他山之石,可以攻玉。"美国是高等教育强国,也是高等教育国际化的积极参与者、推动者与受益者,美国众多世界顶尖大学都将国际化发展作为其核心价值理念与重要发展战略。例如哈佛大学近年来持续推出国际化发展战略,为进一步保持其在世界范围内的核心竞争力做出了重要贡献。

(一)办学理念与模式的改革与创新

哈佛是世界顶尖大学。[①] 但在 21 世纪之前,哈佛大学并没有刻意追求国际化。[②] 21 世纪初,无边界教育和新的学习方式出现,新兴国家高等教育发展需求增加,以及一些攸关世界环境和人民福祉的全球性问题涌现。为了应对这些机遇与挑战,时任哈佛大学校长德鲁·福斯特(Drew Faust)于 2010 年任命了由哈佛商学院院长尼丁·诺里亚(Nitin Nohria)领导的国际战略工作组,以帮助确定大学的长期目标和国际化参与战略。该小组工作得出的结论是:未来几年,哈佛将有意识地走向全球,团结并利用其非凡的知识分子,并通过有计划的努力,确保其教学和研究发挥积极作用。工作组下一步要做的事情不仅会影响大学的未来,还会影响世界的未来,在这个未来,知识和教育将发挥越来越重要的作用。[③] 此后,由此衍生出的"哈佛运动"(Harvard Campaign)所针对的重点就是对国际

---

① Harvard Magazine. Toward a Global Strategy for Harvard[EB/OL]. https://harvardmagazine.com/2012/09/toward-a-global-strategy-for-harvard. 2012 - 09 - 10. 2020 - 02 - 07.

② STRONG N. Internationalization at Harvard[J]. Higher Learning Research Communications,2013:3(2):4 - 13.

③ FAUST D G. Toward a Global Strategy for Harvard[EB/OL]. https://harvardmagazine.com/2012/09/toward-a-global-strategy-for-harvard. 2012 - 09 - 10. 2020 - 02 - 07.

持久的积极奉献,这是哈佛有意识地走向全球的重要举措之一。为了进一步扩大哈佛的国际影响力,哈佛把全球视角整合进其研究和教学之中,以确保在全球化背景下哈佛学生和全体教职工能够参与其中,并通过课程国际化、校园国际化来不断扩展哈佛师生参与重大国际研究、学习的机会。①

哈佛大学的核心价值观包括多元性、包容性、归属感(Diversity, Inclusion and Belonging,DIB)。近年来世界范围内民粹主义上升、美国移民政策收紧,哈佛大学现任校长劳伦斯·塞尔登·巴考(Lawrence Seldon Bacow)多次向政府部门进言,并在各种演讲中呼吁减少对学生和学者国际流动的阻碍。除了对自身教育和研究的卓越追求外,哈佛也在世界性议题的解决上发挥了表率作用。比如,哈佛大学以 2015 年发布的《可持续发展计划》为基本框架,将校园作为生活实验室,为组织如何加速向更健康、无化石燃料开采与运用的未来过渡提供了榜样,成为唯一在世界气候领导大会上获得认可的大学。②

(二) 教育要素与资源的整合与配置

哈佛的国际化工作就是一个耀眼的万花筒,是其通过"全球参与"这一简单战略自然而然产生的结果:吸引有才华的师生。哈佛对国际化的人文融合环境以及学术工作环境都有着极致的追求,尤其注重不同文化背景下多元观点的碰撞,各学院通常以"DIB"价值观为招聘的首要法则,并设立了教师发展与多元化办公室(The Office of Faculty Development & Diversity,FD&D)以促进教职人员的多元化发展。每年 FD&D 都会发布年报,公布职员构成以及各学院详细的人才搜寻与晋升情况、教师发展与指导和学术与教育计划、工作文化氛围的详细介绍。为了减轻交流的障碍,哈佛还通过"桥梁计划"(Bridge Program)对行政工作人员进行全方位培训。可以说哈佛大学的任何学院或中心都不缺乏全球性的业务。另外,成千上万的学者和学生从世界各地来到哈佛,极大地丰富了哈佛大学的教学和研究成果。

在经费资源方面,哈佛大学充裕的办学经费源自其多元化的收入组合以及审慎的财务管理制度。哈佛大学主要依赖于三个收入来源:教育或学费收入、研究经费、慈善事业。由于前两项的支出不足以维持大学的整个运营过程,所以

---

① FAUST D G. The Harvard Campaign-Office of the President[EB/OL]. https://www.harvard.edu/president/news/2013/harvard-campaign. 2013 – 05 – 16. 2020 – 02 – 07.

② Harvard University. One Harvard, One World 2020[EB/OL]. https://worldwide.harvard.edu/sites/default/files/One%20Harvard%20One%20World%20Brochure%202020_final.pdf. 2020 – 02 – 07.

需要依靠捐赠收入来弥补这一缺口甚至产生盈余。总的来说,捐赠基金几乎支撑了大学的各个方面运作。截至 2019 财年末,哈佛大学的运营盈余为 2.98 亿美元,而 2018 财年为 1.96 亿美元。截至 2019 年 6 月 30 日,哈佛大学的净资产增加了 23 亿美元,至 493 亿美元,且捐赠收入占 2019 财年收入的 43%。[①] 这归因于捐赠资金的投资回报贡献,以及财务团队严格遵守财务管理规定。尽管哈佛财务经费一直处于盈余状态,但学校仍旧在为不确定的未来时刻做好准备:学校中的各部门每年都要准备一个为期五年的财务计划,并在每年的工作中提前预想到"经济下行"的情况,通过"衰退剧本"的演练为未来做好准备,激发对财务工作的合理规划以及创新变革。

与此同时,哈佛大学秉承"一个哈佛,一个世界"的理念,开展了兼具广度和深度的国际交流与合作工作。哈佛校内有超过 50 个国际研究中心和项目,超过5 000 个国际学者,比美国任何一所研究型大学都要多,在 2019 年与这些来自不同国家的学者共同合著的出版物比率就已经接近 50%,这已经是广度与深度交汇的一个体现。在世界范围内,哈佛有 20 多个区域办事处(Regional Office),这些办事处选取的标准不完全以教师和学生的兴趣为参照标准,而是由大学国际战略部门选择定点,找到哈佛国际合作深度和广度的交汇点。哈佛在境外的办事处是其全球使命的主要推动力,它们的范围和规模差异很大,但都将哈佛大学的教职员工和学生与当地的学术机构、政府组织、企业和社区联系在一起,从而将办事处所在国家或地区与哈佛大学联系起来。哈佛大学区域研究中心管理的地点支持整个哈佛的计划;哈佛学校管理的地区为该学校的教职员工提供支持。[②] 除了在全球范围的地理空间上的国际交流与合作以外,哈佛还会通过和Harvard X 平台合作提供各种非营利课程来拓展其辐射力。哈佛提供 80 多种语言的教学资源,来自 193 个国家或地区的 600 万名学习者正通过哈佛大学的在线学习平台 Harvard X 参加课程。

(三) 办学结构与功能的优化与调整

哈佛大学一直以建设一所具有开拓性的全球大学为己任。为了实现自己的全球化愿景,其正通过建立专业化的国际服务团队以及有效的教职工治理机制

---

① Harvard University. Financial Report:Fiscal Year 2019[EB/OL]. https://finance.harvard.edu/files/fad/files/fy19_harvard_financial_report.pdf. 2019 - 02 - 08.

② Harvard University:Locations Abroad[EB/OL]. https://worldwide.harvard.edu/harvard-world. 2020 - 02 - 09.

实现办学结构的与功能的优化与调整。为了建立一个全球化的人文融合环境，在人才搜寻阶段，哈佛雇佣专业的、多元的团队（通常是多种族的），以公开、透明为原则，尽可能广泛地遴选合格的人选，且通常会在候选人批准的情况下与其他院系进行联合面试，从根源上保证候选人具有足够的跨学科素养。在教师发展和指导阶段，各学院通常会专门雇用一名专业的律师，协助国际教职员工及其家属完成移民程序。不仅如此，其还会为雇用的人员融入社区、教学、科研等提供保姆式的服务和支持，解决他们的后顾之忧。总的来说，哈佛通过建立以下专业的组织，为实现国际化办学结构与功能的优化提供行政支持：全球支持服务团队（Global Support Services）、哈佛国际办公室（Harvard International Office）、国际教育办公室（Office of International Education）、FAS 国际事务办公室（FAS Office of International Affairs）、国际事务副教务长办公室（Office of the Vice Provost for International Affairs）。这些团队与组织会负责支持国际项目运营和风险管控，包含审查在国外旅行、学习、研究或管理项目的操作事项，如安全、就业、预算、海关和移民，负责为国际学生与国际学者的工作、学习和生活提供建议和支持，为哈佛本科生出国留学的相关事项提供帮助，还通过发展国际研究合作项目扩展哈佛本科生和研究生的国际教育及研究机会。这些团队和组织一方面负责统筹全局，管理跨学院的国际活动，举办例如世界周的全球活动，出版宣传哈佛国际活动的资料，另一方面还负责监督哈佛的全球参与活动，确保哈佛的全球活动符合大学的教学、研究使命。

（四）办学质量与声誉的提升与传播

哈佛办学质量和声誉的提升与传播是通过其卓越的办学业绩和对地区乃至世界的贡献取得的。哈佛大学的影响力遍及全世界，其教职员工和学生在各种学科发展中担任了全球领导职务，并获得了国内外高度的认可。截至 2020 年 2 月，哈佛大学培养了 160 位诺贝尔奖得主（世界第一）、50 名普利策奖得主（世界第一）、32 位国家元首（其中美国总统 8 位、美国副总统 1 位、美国首席大法官 2 位）。

哈佛大学在世界上有诸多实体机构，其范围和规模差异很大，但都将哈佛大学的教职员工和学生与当地的学术机构、政府组织、企业和社区联系在一起。在这些机构中，发展比较成熟的是大卫·洛克菲勒拉丁美洲研究中心地区办公室（DRCLAS Regional Office）。这些机构体现了 21 世纪哈佛大学的全球愿景——为世界公民提供教育机会；支持哈佛大学的教授和学生在尽可能多元的国家与地区中工作；与地方机构密切合作，传播新的区域知识和创新的学术方法，并在该地区充当知识实验室的召集点。①

第二节　境外优质高等教育资源的基本特征

"优质"是一个相对概念，是指某种主体相较之其他主体具有更丰富的内涵或价值。"优质高等教育资源"就是指一个国家或地区所拥有的较之其他国家或地区更为丰富和优质的各类高等教育资源。理想环境下的国外优质教育资源引进，应包含课程教学的各方面，从教学理念、人才培养模式、课程教材与辅导材料、教学技术与手段、考核模式、课程管理与保障体系、师资队伍建设等多方面的全面引进和使用，这样才能真正达到"为我所用，为我所有"的深层次效果。② 从高等教育与社会的关系看，一定时期的高等教育办学形态会在很大程度上由当时的经济社会发展特征所决定，所以高等教育相关要素资源也会呈现与时代契合的特征，对优质高等教育资源特征的深刻理解与准确把握是开展相应实践办学活动的前提。教育资源具有一般资源的基本特征，为此，本书将从优质高等教育资源的生产、存在、流动与配置、使用方式四个维度分析，以把握世界范围内优质高等教育资源的基本特征。

一、优质高等教育资源的生产方式日趋具有跨国(境)性和多主体性特征

高等教育资源主要包括学位、师资、教材、办学理念与人才培养模式和前沿科研方法与方向等，这些资源在不同历史阶段拥有不同生产方式。现代大学诞生后的很长一段时期内，由于受通讯与交通工具限制，高等教育资源主要在区域和民族国家内由各大学相对独立地生产。21 世纪以来，随着全球化进程不断推进，现代通讯和交通工具的不断发展，国家或区域间高等教育交流与合作日益频繁，高等教育优质资源的生产也日益凸显出跨国(境)性和多主体性的特征。

---

① Harvard University. David Rockefeller Center for Latin American Studies[EB/OL]. https://ro. drclas. harvard. edu/. 2020 - 02 - 10.

② 张静，潘磊. 中外合作办学专业背景下国外优质教育资源的使用、开发和共享研究[J]. 轻工科技，2017 (1)：152 - 153.

学位是高等教育的核心资源之一,其含金量和声誉某种程度上直接反映了国家或某所大学的办学水平。近年来,一些高等教育发展水平相对较低的国家或地区把学位联合培养作为做大做强优质高等教育的重要手段,跨国或跨境合作办学与联合授予学位的培养模式已成常态。改革开放以来,我国大力推广中外办学,以联合授予学位的方式提高高等教育的办学水平与核心竞争力。新加坡、马来西亚等国家或地区同样采取合作办学的方式联合授予学位,新加坡国立大学联合耶鲁大学举办的耶鲁—新加坡国立大学学院(Yale-NUS College)即为典型案例。学位以外的优质高等教育资源,包括先进办学理念与人才培养模式、高端人才与前沿科研方法及方向的生产方式,同样具有跨国性和多主体性,如办学理念的相互借鉴、融合与创新,高端人才的跨国或跨境联合培养,合作开展联合科研创新等。

优质高等教育资源的生产方式之所以具有明显的跨国(境)性和多主体性特征,是当今高等教育所处环境及高等教育自身属性决定的。具体而言,当前世界高等教育正处于交流关系日益紧密且越来越依赖于合作的时代,这决定了其发展过程中需要形成跨国或跨区域办学主体间紧密的合作关系,通过合作解决共同面临的问题,也通过合作提高创新能力;其次,高等教育具有高度开放性属性,大学需要通过开放办学获得办学所需的各种资源,为学校各项事业注入源源不断的动力。

二、优质高等教育资源的存在方式日趋具有多元性和复杂性特征

长期以来,我们容易将优质高等教育资源理解为在各类大学排行榜位居前列高校独有的资源,如其拥有的学位、课程、师资及办学理念和人才培养模式。事实上,我们对优质高等教育资源存在方式的理解和认识需更新,例如其日趋具有多元性与复杂性特征。多元性即优质高等教育资源不仅包括显性的学位资源、人才资源、课程教材资源、科学研究资源等,同样包括隐性的先进办学理念、人才培养模式、大学文化及学校发展战略规划等资源。在跨国或区域间高等教育交流合作日趋频繁的背景下,隐性教育资源间的互相影响和利用将成为未来塑造各民族国家或地区高等教育发展的重要力量。复杂性则是指优质高等教育资源不仅存在于高等教育发达国家或地区,同样也存在于整体发展水平不高但具有办学特色的国家或地区,如印度的工程教育与计算机软件教育,东欧一些国家的机械学科教育,中东石油国家的石油化工教育与科学研究资源等。同时,优质高等教育资源不仅存在于排行榜靠前的研究型大学,一些排名不如前者的教

学型大学同样能提供优质教育教学资源,如美国一些文理学院就因实施"博雅教育"而拥有高质量的本科教育教学资源。因此,在优质高等教育资源存在方式日益多元化和复杂化的背景下,我们需要以更立体和宽广的视野全面审视全球范围的办学主体,并按层次、类型和自身需求,有针对性和务实地遴选合作伙伴,引进相应资源。

三、优质高等教育资源的流动与配置方式日趋具有全球性特征

全球化时代,优质高等教育资源需要通过全球性资源流动和配置实现自身价值增值,在保持自身核心竞争力的同时,获得一定经济和社会效益。优质高等教育资源的全球流动与配置主要有如下方式:一是办学主体与本土外大学联合办学、联合授予学位,这也是近年的主要方式之一。例如英美一些知名大学近年不断与亚洲地区高校开展合作办学,使之成为这些区域获得优质高等教育资源的重要方式之一。二是办学主体到本土外国家或地区开办新校区,像是近年美国和英国一些大学到亚洲地区开办新校区,如在我国创办的上海纽约大学、温州肯恩大学、昆山杜克大学等,还有最近芝加哥大学在我国香港地区创办的新校区。三是办学主体拥有的先进办学理念、人才培养模式、大学文化、管理制度等也能在全球范围流动,不断被高等教育发展水平相对较低的国家或地区的办学主体所借鉴。

四、优质高等教育资源的使用方式日趋具有共享性特征

如前文所提,优质高等教育资源的生产、存在、流动与配置方式日趋具有跨国(境)及多主体性、多元和复杂性特征,这决定了其在使用方式上具有全球共享性。全球共享性即全球化时代下优质高等教育资源能被各国家或地区办学主体在一定条件下共享使用。主要体现在:有形资源如师资、课程等随 MOOC(慕课)的兴起而在全球范围被众多消费者享用;无形资源如先进办学理念、人才培养模式、制度文化等在跨国或区域的不同办学主体间互学、互鉴并不断创新和发展;全球范围内相关利益主体能共享优质高等教育资源带来的成果,如培养富有使命感和世界担当的各级各类领袖型人才,能提供解决人类共同面临问题的科研成果和解决方案,能提供全球性高质量公共服务产品等。同时,优质高等教育资源并非无条件免费共享,而是需要办学主体能够主动作为甚至付出一定的物

力、财力成本。"主动作为"即要积极主动地融入世界高等教育发展体系,主动借鉴吸收并内化世界一切先进高等教育资源。而引进显性优质教育资源,如学位、课程、师资、教材等,则需要一定的物力财力。

第三节　境外优质高等教育资源的引进特质

境外优质高等教育资源具备相应时代特征,其引进实践也需要在这些特征的引领下充分挖掘其引进特质。按《辞海》的定义,"特质"即事物异于其他事物的性质。对境外优质高等教育资源的引进来说,则是其在引进过程中区别于普通高等教育资源的特质。办学主体需要通过充分发挥这些特质来提升境外优质高等教育资源引进效益,从根本上提升我国高等教育质量与全球竞争力。所以,下文中将会介绍境外优质高等教育资源的四个引进特质,帮助办学主体更有效地开展资源引进工作。

一、与本土高等教育资源的有机耦合性

引进境外优质高等教育资源是加快我国高等教育发展进程的重要手段,引进的资源将会成为我国高等教育的重要组成部分,所以其基本特质之一是要与我国本土高等教育资源形成有机耦合。"耦合"指系统间通过交互作用彼此产生影响[1],取决于各模块间接口的复杂程度、调用模块的方式及哪些信息通过接口。"耦合性"则是指两个或以上体系或运动形式之间,通过相互作用而彼此影响及联合起来的现象。[2] 境外优质高等教育资源与本土高等教育资源的有机耦合性是指,两个教育系统之间通过各分系统的交互作用彼此影响,并最终联合起来的教育现象。因此,教育系统间要具备有机耦合性,需要各分系统间发生充分互动和交互作用。具体来说,两者要有相对一致且互相包容并能不断创新的教育理念,在发挥彼此管理制度优势的基础上创新共治模式,能互相协作并共同设计人才培养模式,能开展联合科研攻关并共享科研成果,能形成教职员工和学生之间良好的互动交流机制等等。总之,境外优质高等教育资源需要具备与本土高等教育资源的有机耦合性,其目的在于避免外来教育资源"水土不服"及形成

---

① 逯进,郭志仪.中国省域人口迁移与经济增长耦合关系的演进[J].人口研究,2014(6):40-56.
② 王凯.耦合性:探究南京承办2014年"青奥会"的成功之道[J].南京体育学院学报,2014(1):29-32.

"独立王国",从根本上切实发挥其价值和功能,有效带动本土教育资源的发展,最终增强我国高等教育的整体实力。

二、相关教育要素的整体性引进

我国近年大力引进境外优质高等教育资源,已成为推动高等教育快速发展的重要力量,但实践中仍存在一些不良倾向,如注重对学位、课程、师资、教材等显性教育要素的引进,忽视对办学理念、管理制度、大学文化等隐性教育要素的引进;重视对排名靠前名校和热门专业的引进,忽视根据自身需求和办学特色有针对性地引进相应学校和专业等。这些倾向会导致一系列问题的发生,如境外优质教育资源难以与本土资源产生有机互动和耦合,过度追逐名校和热门专业而导致引进成本过高、风险过大等。因此,新时期开展境外优质高等教育资源引进时,要注重相关教育要素的整体性引进。一是注重引进学校、学科专业的多样性,除有针对性地引进欧美等排名靠前的顶级名校和热门专业的资源外,还要加强对具备比较优势、具有办学特色,能对我国相关学校和学科发展起整体带动作用的学校与专业的引进。二是除重视显性如优质学位、课程、教材、师资、科研等资源外,还要注重隐性教育要素如办学理念、人才培养模式、大学文化、大学治理结构与制度等的引进、借鉴和吸收。

三、优质高等教育资源的可再生性及可持续性利用

高等教育资源具有再生性特质,即在耗费一定人力、物力、财力前提下,相关教育要素资源能不断被生产和重复利用。对于境外优质高等教育资源的引进来说,重视其再生性特质,一是能促进所引进教育资源与本土教育资源的有机耦合,保证引进成功;二是能将本土优质教育资源库做大做强,节省引进成本;三是能倒逼本土教育改革创新,形成良性互动与竞争。

想要使引进高等教育资源具备再生性特质,办学主体需要从如下方面推进:首先,加强对境外优质高等教育资源相关教育要素的借鉴、吸收和内化,特别是对先进办学理念、管理制度和优秀大学文化等资源的吸收和内化,使之在与本土教育资源互相融合过程中实现创新与再生;其次,要将境外优质高等教育资源是否具有再生能力作为引进时的评价标准,唯有那些具备再生能力的教育资源,才能从根本上提高我国高等教育发展水平,并在较大程度降低引进成本;最后,在

实践中构建起完整的促其再生的有效体制机制，包括建立严格并具有可操作性的境外教育资源管理与整合办法、稳定的人力物力投入机制等。总之，强化境外优质高等教育资源的再生性，是提高资源利用效率、节省办学成本、提高高等教育实力的必然选择。

可持续性利用是境外优质高等教育资源引进具备耦合性、整体性和可再生性特质后产生的必然属性。具备耦合性特质，使境外优质高等教育资源能与本土教育资源形成有机互动，并融入本土教育体系；具备整体引进性特质，能保证显性教育资源与隐性教育资源充分发挥各自价值，实现引进效益最大化；具备可再生性特质，境外优质高等教育资源能得到持续增值，节省引进成本，壮大我国高等教育优质教育资源库。实现优质高等教育资源的可持续性利用，首先要具备耦合性、整体性和再生性三个基本特质。同时，为保证可持续性利用，实践中还需从如下方面着力探索和尝试：一是努力构建与境外合作伙伴的长效合作机制，从彼此共同的办学理念、核心利益诉求、相近办学愿景与目标等方面达成共识，并以此为基础从合作理念、合作机制、成本分担等方面构建可持续的合作与发展体系。二是在合作办学过程中不断就人类共同面临的重点和难点问题展开协同攻关并搭建利益共享机制，如对 21 世纪创新人才培养模式进行改革与创新，对共同面临的重大社会与科技问题的联合攻关等等。

21 世纪以来，各国政府、高等院校纷纷采取措施，提升自身国际化水平，高等教育国际化也达到前所未有的高度，成为国际竞争的重要战略。[①] 在此背景下，加强境外优质高等教育资源的引进是高等教育发展的必然战略选择，也是加快发展步伐，实现从高等教育大国到高等教育强国这一根本性转型的重要战略。实践办学需要从其生产方式、存在方式、流通与配置方式及使用方式等方面理解其特征，以此为基础准确把握境外优质高等教育资源的引进特质，引进过程中要确保其具备与本土教育资源的有机耦合性、整体性引进，能够实现优质高等教育资源的再生性与可持续性利用。综上所述，境外优质高等教育资源引进实践，需要在先进理念和健全的制度下有序推进，在切实发挥其应有价值并助力高等教育发展的同时，有效降低成本和引进风险。

---

① 弗兰克·纽曼，莱拉·科特瑞亚，杰米·斯格瑞.高等教育的未来：浮言、现实与市场风险[M].北京：北京大学出版社，2012：27.

第五章
境外显性优质高等教育资源的标准

题记：前文中对境外优质高等教育资源的基本特征和引进特质做了系统分析，这让我们对境外优质高等教育资源有了框架性认识。其后，我们还需要进一步对境外优质高等教育资源制定描述性的标准，使相关办学主体能够在实际的办学过程中以此为依据遴选相关引进对象。基于境外优质高等教育资源的基本属性，本书试图从显性和隐性两个维度描述其定性标准，即通过非量化的手段来探究境外高等教育资源的优质性程度，以及作为是否引进的基本标准。一般说来，境外显性优质高等教育资源主要包括学科专业、师资、教材等要素，这也是构成一个完整办学体系的核心要素资源。身处新时期，办学主体在引进这些核心要素资源时，需要根据我国高等教育发展的现状与未来趋势审慎遴选优质高效的被引对象。因此，本章将基于对当前国际高等教育发展的基本趋势，试图对这些显性教育要素资源的标准做出描述性定义。

在全面推进世界一流大学和一流学科建设新阶段，强化大学的学科建设是应有之义。通过学科建设凸显大学的办学特色和优势，与此同时通过强化学科建设也能反哺专业建设和人才培养质量。此外，学科还是大学开展高水平科学研究和社会服务的基础性要素。因此，强化学科建设以提升我国大学办学能力并形成优势特色是新时期我国高等教育发展的基本方略。在国际化深化发展的时代背景下，我国需要进一步充分挖掘国际高等教育市场所蕴含的丰富优质学科专业资源以提升我国高等教育办学质量。但在引进过程中，需要对优质学科专业的标准强化研究，以此保证所引进资源能真正为我所需、为我所用。

第一节 优质学科专业标准

当今世界正在经历着百年未有之大变局,这不仅体现在急剧变化的国际格局,还体现在以人工智能为代表的第四次科技革命对当代人类的生产和生活方式的根本性影响。与此同时,以跨学科或融学科为标志的学科专业发展模式也正在成为当前世界和我国高校各学科发展的基本趋势。一般说来,学科与专业是一个问题的两个方面:"学科"是特定知识的集合,主要聚焦于知识创新;而"专业"是知识课程化后的组合,目标主要在于培养具有特定知识结构的各级各类人才。长期以来,我们习惯将学科与专业并列在一起。为了方便讨论,本书也将学科专业合并在一起进行论述。

一、优质学科专业应具有应用与理论的前沿性

学科专业是对特定历史时期人类文明的集中体现,兼具历史性特点和前沿性特点。就前沿性来说,"学科专业"需要从知识层面对人类社会发展的最新动态予以回应。从发展演变看,每一次科学技术的重大突破,都必然伴随着高校学科人才培养的创新变革,科学研究也同样表明,学科布局与科技创新呈现出相互支撑、协同共进的密切互动关系。[①]

在全球面临新冠疫情冲击与逆全球化主义思潮兴起的时代背景与挑战下,世界各国均将前沿学科布局作为建设高等教育强国、推动科技创新的基础战略支点,并将之纳入国家创新战略支撑体系。为攻克"卡脖子"技术难题、优化前沿学科布局,我国有关部门在 2020 年进行了学位授予和人才培养学科目录的修订调整,决定设置"交叉学科"门类,增设"集成电路科学与工程"和"国家安全学"两个一级学科,并于 2021 年 5 月印发《"十四五"时期教育强国推进工程实施方案》,明确提出"大力加强急需领域学科专业建设,显著提升人才培养能力,加快破解'卡脖子'关键核心技术。"[②]与此同时,教育部在"双一流"建设工程实施过程中,还专门印发了《前沿科学中心建设管理办法》,并以前沿科学中心的建设成

---

① Matthews M R. Science Education and the Scientific Revolution: a way to learn about Science[J]. Review of Science Mathematics & Ict Education, 2007,1(1): 49-58.
② 田贤鹏,徐林.面向高等教育强国的前沿学科布局:战略图景与政策取向——基于国际比较视角[J]. 重庆高教研究,2022(1): 21-33.

效作为"双一流"建设成效的重要考核标准。由此观之,在当前第四次科技革命发展日新月异的大背景下,我国政府高度重视前沿学科专业的发展建设。与此同时,高校作为办学主体,除了要强化自身对前沿学科专业的建设能力外,还需要积极借助国际高等教育市场,通过对境外优质学科专业的引进来加快我国前沿学科专业的发展。

有研究者通过对美国、英国和德国三大发达国家进行比较分析后得出,致力于通过前沿学科布局来占领科技创新制高点是美、英和德三国的共性基础,其中,围绕国家安全、人工智能方向的相关学科布局是战略重点。在差异方面,美国在前沿学科布局上更加全面,更强调对科技创新的全面领导,英国注重保持关键产业与核心技术的创新活力与领先优势,德国则着力维护其在欧洲以至全球的工业领先地位,而且在推进过程中选择了差异化的政策工具。[1] 在全新的时代背景下,我国要系统研究世界各主要创新型国家前沿学科专业发展的基本特点,并有针对性地引进这些区域相对应的优质高等教育资源。

二、优质学科专业应具有互补性

在引进境外优质学科专业过程中,除了要考察其是否具备前沿性外,还要关注其互补性基本特征。由于资源禀赋差异与技术发展水平不同,各国生产要素的相对价格乃至绝对价格在封闭条件下会呈现出相当大的差异,而在允许服务自由贸易的条件下就会出现要素服务的流动。以此为基础,各国依存于本国的比较优势,不断进口劣势项目的要素服务,便可以降低产品的生产成本,增强竞争力,从而扩大出口规模。最后形成的结果,便是服务贸易净值与货物贸易净值之间的互补关系。[2] 所以,为了发挥境外优质高等教育资源最大效应,办学主体要强调引进学科专业的互补性特征,即这些高等教育资源不仅能够填补我国在相关领域的空白与不足,而且相对来说具有比较优势,比如在办学理念、办学模式等方面具有优势特色。

要做到在学科专业资源引进过程中成功达到资源互补,办学主体需要做到如下几点:一是对我国高校学科专业发展有系统和全面的把握,真正了解我国

---

① 田贤鹏,徐林.面向高等教育强国的前沿学科布局:战略图景与政策取向——基于国际比较视角[J].重庆高教研究,2022(1):21-33.
② 陈兆军.对服务贸易与货物贸易互补性问题的再研究[J].对外经济贸易大学学报,2001(4):48-53.

相应学科建设的短板和不足;二是对国际高等教育发展现状和未来趋势有系统和全面的把握,能够了解不同国家和地区学科专业发展的现状与未来趋势,并明确其对于我国高等教育发展的互补性何在;三是明确这些教育资源引进后如何更为有力地发挥其互补性价值,并建立起实现其互补性价值的学科建设引进及建设机制。近年来,我国不少高校积极通过中外合作办学等方式,引进了一大批有特色且我国急需的学科专业。从表5-1,即中外合作办学监管网所公示的北京地区已获批准举办的中外合作办学项目名单看,我国高校在引进境外优质高等教育资源时,很注重其互补性。比如北京邮电大学与英国伦敦玛丽女王大学合作设立的物联网工程专业,就能够填补我国在物联网人才培养上的不足。

表5-1　北京地区已获批准的中外合作办学项目①

中外合作办学项目	1. 北京理工大学与英国瑞丁大学合作举办信息科学硕士学位教育项目 2. 中央财经大学与美国史蒂文斯理工学院合作举办企业项目管理理学硕士学位教育项目 3. 对外经济贸易大学与法国诺欧商学院合作举办零售管理硕士学位教育项目 4. 华北电力大学与英国斯莱斯克莱德大学、英国曼彻斯特大学合作举办电气工程及其自动化专业本科教育项目 5. 清华大学与澳大利亚麦考瑞大学合作举办应用金融硕士学位教育项目 6. 清华大学与法国英士国际商学院(INSEAD)合作举办高级管理人员工商管理硕士学位教育项目 7. 对外经济贸易大学与美国西雅图城市大学合作举办工商管理硕士学位教育项目 8. 首都医科大学与澳大利亚迪肯大学合作举办护理学专业本科教育项目 9. 北京邮电大学与英国伦敦玛丽女王大学(原伦敦大学玛丽女王西田学院)合作举办物联网工程专业本科教育项目 10. 清华大学与美国北卡罗来纳大学(教堂山分校)合作举办工程管理(全球供应链领袖)专业硕士研究生教育项目 11. 北京邮电大学与法国里昂商学院合作举办高级管理人员工商管理(物联网管理)硕士学位教育项目 12. 中国社会科学院大学(中国社会科学院研究生院)与美国杜兰大学合作举办金融管理硕士学位教育项目 13. 北京农学院与澳大利亚伊迪斯科文大学合作举办农业资源与环境专业本科教育项目 14. 北京建筑大学与美国奥本大学合作举办的给排水科学与工程专业本科教育项目

---

① 资料来源:教育部中外合作办学监管网:https://www.crs.jsj.edu.cn/aproval/getbyarea/1

续 表

中外合作办学项目	15. 北京林业大学与加拿大不列颠哥伦比亚大学合作举办木材科学与工程（木材加工）专业本科教育项目 16. 北京林业大学与加拿大不列颠哥伦比亚大学合作举办生物技术（森林科学）专业本科教育项目 17. 北京外国语大学与英国博尔顿大学合作举办全媒体国际新闻专业硕士学位教育项目 18. 中国农业大学与美国俄克拉荷马州立大学合作举办农林经济管理专业本科教育项目 19. 北京交通大学与加拿大滑铁卢大学合作举办纳米科技与技术专业本科教育项目 20. 北京邮电大学世纪学院与日本京都计算机学院合作举办软件工程专业本科教育项目 21. 清华大学与法国国立民航大学合作举办航空管理硕士学位教育项目 22. 清华大学与法国国立路桥大学、法国国立民航大学合作举办高级管理人员工商管理（航空管理）硕士学位教育项目 23. 北京交通大学与澳大利亚伍伦贡大学合作举办机械电子工程专业本科教育项目 24. 中国传媒大学与英国威斯敏斯特大学合作举办国际媒体商务硕士学位教育项目 25. 中国农业科学院研究生院与比利时列日大学合作举办农学和生物工程博士学位教育项目 26. 北京理工大学与英国瑞丁大学合作举办会计学专业本科教育项目 27. 中国人民大学与加拿大女王大学合作举办金融学硕士学位教育项目 28. 中国传媒大学与美国纽约理工学院合作举办艺术（动画与影视特效）硕士学位教育项目 29. 北京外国语大学与韩国又松大学合作举办国际经济与贸易专业本科教育项目 30. 北京城市学院与英国华威大学合作举办项目管理硕士学位教育项目 31. 北京工商大学与爱尔兰考克大学合作举办应用统计学专业本科教育项目 32. 北京化工大学与美国底特律大学合作举办机械设计制造及其自动化专业本科教育项目 33. 中国传媒大学与美国密苏里哥伦比亚大学合作举办传播学专业本科教育项目 34. 北京交通大学与美国罗彻斯特理工学院合作举办企业管理（技术创新管理与创业）硕士学位教育项目 35. 北京工商大学与爱尔兰考克大学合作举办食品科学与工程专业本科教育项目 36. 北京化工大学与美国纽约州立大学环境科学与林业学院合作举办生物工程专业本科教育项目 37. 中央财经大学与荷兰蒂尔堡大学合作举办金融学博士学位教育项目 38. 中国农业科学院研究生院与荷兰瓦赫宁根大学合作举办农业与生命科学博士教育项目

中外合作办学项目	39.清华大学与美国苏富比艺术学院合作举办艺术管理硕士研究生教育项目 40.北京化工大学与意大利热那亚大学合作举办工业设计专业本科教育项目 41.北京国家会计学院与美国天普大学合作举办审计(IT 审计)硕士学位教育项目 42.北京语言大学与英国诺丁汉特伦特大学合作举办外国语言学及应用语言学硕士研究生教育项目 43.北京联合大学与俄罗斯乌拉尔国立交通大学合作举办轨道交通信号与控制专业本科教育项目 44.清华大学与新加坡管理大学合作举办会计专业硕士研究生教育项目 45.北京交通大学与荷兰代尔夫特理工大学合作举办交通运输专业本科教育项目 46.北京理工大学与德国英戈尔施塔特应用技术大学合作举办电动汽车与车辆电气化硕士学位教育项目 47.北京师范大学与加拿大萨斯喀彻温大学合作举办水安全专业硕士学位教育项目 48.中国社会科学院大学(中国社会科学院研究生院)与美国杜兰大学合作举办能源管理专业硕士学位教育项目 49.北京外国语大学与英国基尔大学合作举办外交学专业本科教育项目 50.中央民族大学与爱尔兰国立科克大学合作举办环境科学专业本科教育项目 51.中国政法大学与美国圣路易斯华盛顿大学合作举办国际法专业硕士研究生教育项目 52.中国农业大学与美国康奈尔大学合作举办食品科学与工程专业本科教育项目 53.中国农业大学与美国康奈尔大学合作举办食品质量与安全专业本科教育项目 54.中国社会科学院大学(中国社会科学院研究生院)与英国斯特灵大学合作举办创新与领导力博士学位教育项目 55.北京信息科技大学与美国奥克兰大学合作举办电子信息专业硕士研究生教育项目 56.北京化工大学与美国佐治亚大学合作举办生物工程(生物制造与生物加工)专业硕士研究生教育项目 57.首都经济贸易大学与美国南佛罗里达大学合作举办统计学专业本科教育项目 58.北京语言大学与法国克莱蒙高等商学院合作举办商业智能与分析专业硕士学位教育项目

三、优质学科专业应具有本土适应性

所谓"本土适应性",就是指从其他国家或地区所引进的客体能够在文化、制度和观念等方面与东道国相关办学主体产生一致性,能够在此扎根并展现出蓬勃的生命力和发展力。因此,对于境外优质高等教育资源的引进来说,引进主体要注意其本土适应性问题,从而避免水土不服导致资源引进失败。具体而言,我们可以在境外优质高等教育资源引进时强调以下几点。

首先,注意培养境外优质高等教育资源的文化适应性。文化适应性(Culture Adaptability)指强调不同文化之间彼此适应的观点,主张不同文化主体间应在风俗习惯、生活方式、思维观念等方面相互磨合以彼此适应。在境外优质高等教育资源引进中对师资队伍等要素就要强调其文化适应性问题以保证这些要素资源更好地适应我国的文化环境,并在办学过程中主动融入我国的文化背景之中,能尊重并积极宣传和传播我国的传统优秀文化。其次,强调境外优质高等教育资源的制度适应性。从境外引进的相关办学资源要能够主动适应并遵守我国的相关法律制度。从高等教育办学来讲,所引进的境外资源要适应或遵守我国高等教育的大政方针政策,理解并遵守我国高校的相关内外部治理制度等。最后,着重培植境外优质高等教育资源的理念适应性。我国高等教育发展有其自身独特的使命,其中最根本的就是要扎根中国大地办大学,积极服务于国家发展的战略大局。因此,在引进境外优质高等教育资源后,要让相关办学主体积极理解并在办学过程中贯彻我国高等教育发展的基本理念,尤其是在人才培养和学科专业发展过程中能够主动服务国家发展战略大局,能够扎根于中国大地。

总之,学科专业所具备的前沿性、互补性和本土适应性是当前我国高等教育在开展相关境外优质高等教育学科专业资源引进时尤其需要重视的三个基本特性。前沿性能够保证所引进学科专业的质量和特色,切实实现引领我国相关领域人才培养和科学研究的使命。互补性能够提高资源引进的效益,避免低质量的重复引进和资源浪费。本土适应性能够提升引进学科专业的引进成功率,保证相关学科专业能够在中国大地生根发芽,为我国经济社会发展做出实质性贡献。

第二节　优质师资标准

引进境外优质资源,核心是引进一流的境外师资。新中国成立以来,我国就特别重视对优质境外专家的引进,以促进我国各条战线的建设,事实上这类引进也确实对我国经济社会发展做出了巨大的贡献。境外优秀师资不仅可以将国际先进的课程体系、教学理念和教学方法引入课堂,而且可以与国内科研骨干融合,打造一支国际化学术团队。与此同时,境外优秀师资还可以带来国际一流的办学体制和成功经验,从学科设置、院系结构、管理体制等方面全面推动高校的国际化进程。在当前我国进一步扩大教育对外开放的过程中,在加快建设高等教育强国的大背景下,进一步强化境外优质师资资源的引进力度也是大势所趋。而只有引进一大批知华、友华和爱华且具有先进教育教学理念的高水平境外人才,才能真正促进我国高等教育的发展。因此,有引进价值的境外优质师资需要具备如下几个基本特性。

一、知华、友华和爱华是境外优质师资的基本前提

教师作为教书育人的第一责任人,其自身的道德及思想品质对学生的成长成才起着决定性作用,所以这对于境外师资的引进来说尤其重要。新中国成立以来,尤其是改革开放以来,我国引进了大批境外高水平师资队伍,其中大部分对我国高等教育的发展起到了积极作用,但也有极少部分由于多方面的原因未能切实履行好教书育人的职责。因此,在新时期复杂多变的国际国内形势下,办学主体在境外优质师资的引进过程中更需要强化对其思想道德水平的审查,而决定其优质性的基本前提就是能够做到知华、友华和爱华。

首先,所引进的境外师资要对中国有较为深刻的了解,包括知晓中国现阶段经济社会发展基本状况,了解中国发展历史,理解中国近代以来所遭受的苦难和新中国成立后中国人民的奋斗历程,能对中国人民所选择的发展道路有所了解并提供支持。与此同时,引进师资还要了解我国高等教育发展的现状,并对当前我国高等教育发展战略方向等有所理解。其次,所引进的境外师资要能够表现出对我国的友好和善意。他们到中国开展教书育人工作,不仅要对中国有所了解,还要表现出对中国社会主义现代化建设和教育事业的热爱,对中国以及中国人民的友善,并且要愿意为中国的社会主义现代化建设和教育事业发展做出自己的贡献。最后,境外所引进的师资要能够做到爱华。当境外优质师资进入到中国开展教书育人工作后,他们不仅要努力成为高素质的教育工作者,还要成为能够向外国宣传和展示中国发展成就与理念的亲善大使,使得他们爱上中国的社会主义发展事业,爱上中国传统文化以及高等教育发展事业。总之,在境外优质师资资源的引进过程中,这些人员的思想品质,对中国社会主义现代化建设事

业的理解程度,以及知华、友华和爱华立场与倾向是基本前提。

二、具备先进教育教学理念是境外优质师资的重要条件

借助国际化办学实现教育教学理念的创新是引进境外优质高等教育资源的重要目标之一。在当前复杂多变的国际国内形势下,大学的教育教学理念和模式也受到多方面因素的影响。一方面是复杂多变的国际形势,需要当代大学在教育教学理念上主动做出改变以应对相应的风险挑战。比如在全球化背景下,一些国家或区域性问题愈发具有国际性特征,需要各国携手共同应对。反映到大学教育中,就需要通过人才培养理念和模式的创新,以保证能够培养更多具有国际视野和国际理解能力,具备开展跨国或区域协作才能的各级各类人才。另一方面,在国际化实现方式日趋便利化和多样化的当下,大学的教育教学理念也随人员交往的日趋频繁而不断得到创新。因此,在新的时代发展背景下,我国在引进境外优质师资生源时,要考察其是否具备先进的教育教学理念。具体来说,一是引进师资需要具有较为丰富的教育教学经验,并在教育教学理念和方法上有自己的独到之处,或是已在教育教学理念与方法创新上取得一定的成果。二是对我国的教育教学发展现状和改革趋势有所了解,能够将其所掌握的先进的教育教学理念与方法有效移植并应用到我国的教育情景之中。总之,引进具备先进教育教学理念的境外优质的师资资源能够促进我国大学教育教学理念的改革创新,是当前推动我国整体高等教育发展质量的重要手段之一。

三、具备先进学校管理经验是境外优质师资的重要标准

加快推进具有中国特色的现代大学制度建设及治理模式创新是新时期我国高等教育改革发展的重要任务。在推进治理模式创新过程中,实现学校内部管理的创新与优化是必然路径,比如学生管理模式的创新,教师评价模式的创新,教育教学组织模式的创新等等,这些微观层面的学院管理模式创新会在很大程度上影响大学的治理效能和办学效益。因此,在新的发展背景下,办学主体要重视对学校内部管理制度的改革和优化,通过引进境外优质师资资源并充分发挥他们的作用,以此推动我国高校内部管理的改革创新。因此,是否具备丰富学校管理经验也是境外优质师资的重要评判标准。首先,在引进境外师资资源时,办学主体要充分考虑其是否参与过学校或学院等相关管理工作,并考察其是否具

有成熟和丰富的管理经验。第二,考察其参与的学校或学院管理工作取得了哪些成效,又有哪些管理经验或办法能够有效移植并应用到我国的高校管理之中。

总之,教师是学校发展最为重要和核心的要素资源之一,对于推动教育教学理念的改革创新,推动学校内部管理的改革优化等都能发挥重要的价值。因此,对于境外优质师资资源的引进来说,也要充分考虑其是否拥有为中国高等教育发展而奋斗的决心,以及是否拥有独到的个人能力。因此,这些引进的师资能否做到知华、友华和爱华,是否具有先进的教育教学理念以及丰富的学校管理经验,是衡量其优质性的根本标准,这也是我国相关办学主体在制定境外优秀人才引进计划和考核标准时应予以重点考量的基准。

第三节　优质教材标准

教材是依据课程标准编制的,能够系统反映学科内容的教学用书,是课程标准的具体化。它不同于一般的书籍,通常按学年或学期分册,划分单元或章节。它主要是由目录、课文、习题、实验、图表、注释和附录等部分构成。教材的编辑要妥善处理思想性与科学性、观点与材料、理论与实际、知识和技能的广度与深度、基础知识与当代科学新成就的关系。[①] 优质的教材是开展高质量教育教学活动的基础,使得学生能够更容易地掌握最前沿的基础理论知识。因此,对于新时期的高等教育来说,强化优质教材等资源的引进也十分重要。

2020 年,国家教材委员会印发《全国大中小学教材建设规划(2019—2022年)》指出,教材建设要"更加适应中国特色社会主义发展要求,更具中国特色和国际视野"。[②] 高等教育的国际化在成为世界范围内高等教育发展的一种趋势的同时,也已成为中国高等教育在 21 世纪必须做出的战略选择。对于一所大学而言,国际化的核心目标在于必须培养出在思想、知识、技能以及对本国和对世界的了解诸方面具有竞争能力的人才。依此核心,大学可通过直接引进境外原版教材进行教学,以此更有效率地实现国际化人才培养与高等教育水平提升。[③]

① 　全国十二所重点师范大学联合编写.教育学基础[M].北京:教育科学出版社,2013.
② 　康丽.描绘新时代教材建设蓝图——《全国大中小学教材建设规划(2019—2022 年)》发布[N]. 中国教教师报,2020 - 01 - 15.
③ 　卢晓东.高等教育的国际化与原版教材引进[J].中国大学教学,2001(2):38 - 40.

借助国际化办学积极拓展我国高校教材建设的视野,是不断提高教材建设质量的重要手段之一。在引进境外优质教材时,办学主体需要注意如下几点:首先,要引进在意识形态上不存在缺陷的教材。这些教材仅仅从纯知识层面讨论相关问题,不存在敏感的政治倾向。其次,要引进能反映所属学科知识发展最前沿动态的教材,要能够对相应学科专业发展起到引领性作用。最后,还要注重对基础学科领域的经典教材的引进,尤其是对于一些基础理论性学科来说,西方国家依然具有很大的优势,对这些领域的经典理论性教材的引进能在很大程度上推动我国相关学科的发展。

一、不存在意识形态争议和政治问题是境外优质教材的基本前提

近年来,由于国际局势的变化,国际间意识形态的斗争也日趋激烈。作为承担教书育人重要任务的教科书来说,更不能够在意识形态和一些政治敏感性问题上出现纰漏。因此,强化对境外教材的意识形态和政治倾向的审查是保证其优质性的基本前提。具体来说,一是建立境外教材引进的防火墙制度,教材由国家相关部门根据需求统一采购并统一开展意识形态和政治倾向审查,确认无误后才能发放到相关学校。二是要强化使用单位的主体责任,尤其是任课教师在教材的使用过程中,如发现存在意识形态或政治敏感性问题,要及时向学校和有关部门报告,以尽量减轻相应教材的恶劣影响。三是建立起境外教材引进的负面清单,对于一些经常涉足政治敏感性问题的出版社或相应作者建立起"黑名单",对其相关教材采取禁入措施等。总之,对境外优质教材的意识形态和政治倾向审查是极度重要的工作,也是决定其能否真正发挥价值的基本前提。

二、能汇聚学科领域前沿研究发现是境外优质教材的基本特征

教材是向学生传递知识最为重要的手段之一,具有知识密集、系统性和整体性等特点,能够让学生在短时期内系统地掌握相关领域的基础理论知识,这对于夯实受教育者的基础有非常重要的意义。因此,高水平的教材要能够及时反映相应学科领域前沿的科学研究成果,并能将其整理为通俗易懂,便于教学和学习的学科教材。因此,在引进境外优质教材资源时要以其相关内容能否反映学科领域前沿科研成果为基本条件。具体来说,一是这些教材的编撰者或机构应处于相关学科领域内的领先水平,能够代表该学科领域进行指导与教学工作。二

是国内相关机构要在引进时组织专家对相关教材做学术鉴定,明确其在当前学科领域的地位和学术影响力,以此避免引进一些质量低下,知识陈旧的教科书及其他教学材料。

三、能反映学科基础知识体系和理论脉络是境外优质教材的重要条件

在引进境外优质教材资源时,除了要追踪能反映学科专业前沿方向的相关教材外,还需要引进一些古典的、经典的教材。近年来,愈发强调提高大学的基础研究能力,尤其是对于一些基础性、理论性学科专业来说,就需要培养一大批具有宽厚基础理论知识的理论性人才。因此,高质量的理论性教材必不可少,办学主体需要大力引进一批能够反映学科基础知识体系和理论脉络的教材。要做到这一点,首先需要明确相关学科专业的基础理论体系,尤其是对于高水平本科生培养的基础理论知识体系。第二,要建立起学科领域基础理论知识库,并有针对性地引进境外相应高质量教材。

总之,教材是境外优质高等教育资源的重要组成部分,高质量的教材引进对于提高人才培养质量,推动相关学科领域的进步发展具有重要的意义。与此同时,在引进境外优质教材过程中,需要注意其意识形态安全和政治敏感性问题的审查,并引进能反映学科专业发展最前沿动态的教材,以及能够夯实学科基础的经典理论性教材等。

第六章
境外隐性优质高等教育资源的标准

题记：理想环境下的国外优质教育资源引进，应包含课程教学的各方面，从教学理念、人才培养模式、课程教材与辅导材料、教学技术与手段、考核模式、课程管理与保障体系、师资队伍建设等多方面的全面引进和使用，这样才能真正达到"为我所用，为我所有"的深层次效果。[①] 因此，对于新时期我国高等教育改革发展来说，除了要强化显性教育资源的引进外，还要利用好当前开放的高等教育国际市场，充分引进并利用好隐性教育要素。就高等教育办学来说，隐性教育要素资源主要包括先进的办学理念、办学模式、管理制度等。在一定时期内，这些隐性教育要素资源将会深刻影响办学者的办学行为、办学动机和办学方向，在某种程度上也决定了办学质量。因此，在新的发展阶段，办学主体需要明确优质隐性教育要素的特征与标准，使之能够更好地与我国传统高等教育相关办学理念等互相融合，以此作为不断创新的根本动力。

在高等教育的诸多隐形教育资源中，先进的办学理念不可或缺也较容易被忽视。事实上，纵览世界高等教育发展史我们可以发现，世界高等教育的发展进步正是基于国家区域间不同办学理念的互学互鉴基础之上。当今在世界范围内，国家区域间大学理念的相互影响更加频繁，我国大学作为世界高等教育体系重要的组成部分之一，同样也要积极吸收借鉴先进的办学理念，不断推动我国高等教育的改革创新。因此，对优质办学理念基本概念内涵与特征的分析同样具有重要的理论与实践意义。

---

① 张静，潘磊.中外合作办学专业背景下国外优质教育资源的使用、开发和共享研究[J].轻工科技，2017(1)：152-153.

第一节 优质办学理念标准

办学理念亦称为大学理念。有学者认为"大学理念"是人们，尤其是大学成员对大学及其活动现象形成的观念，是对大学理性认识的产物，其包含了人们关于"大学应然"的价值取向，即对"好大学"的认知取向。与此同时，大学理念是反映大学教育思维一类活动的概念共性的普遍概念，如大学思想、大学理性、大学信念、大学精神等，并以上述诸概念的外在形式表现出来，以示其既有抽象性又有直观性，如大学宗旨、大学使命、大学教育目的及目标、大学理想、大学管理原则，等等。大学理念不是大学现实，但源于对大学教育现实的思考，是人们对教育现实的自觉反映。总的来说，大学理念集中反映了一定时期内办学者对自身办学使命，办学目标，办学方针等的认识与理解，而这种理解来自办学者对大学内外部环境的深刻理解与认识，以及对自身办学使命的准确定位与展望。因此，大学理念是持有者对大学的清醒认识和关于大学的真知灼见，大学理念之于大学办学治校的实践具有引导定向的意义。①

在当前我国加快建设高等教育强国过程中，除了要强化资源投入外，对大学理念的改革创新也同样不可或缺。我国教育部、财政部及发改委在 2017 年推出的《统筹推进世界一流大学和一流学科建设实施办法（暂行）》中提出，一流大学的遴选条件为"经过长期重点建设、具有先进办学理念、办学实力强、社会认可度较高的高校，须拥有一定数量国内领先、国际前列的高水平学科，在改革创新和现代大学制度建设中成效显著"。在 2018 年推出的《关于高等学校加快"双一流"建设的指导意见》中也指出要"坚持内涵发展。创新办学理念，转变发展模式，以多层次多类型一流人才培养为根本，以学科为基础，更加注重结构布局优化协调，更加注重人才培养模式创新，更加注重资源的有效集成和配置，统筹近期目标与长远规划，实现以质量为核心的可持续发展"。这两个推进"双一流"建设的重要文件中都提出了要创新办学理念，而且还将其作为遴选相应资助对象基本条件之一。故此，创新办学理念是新时期我国高等教育改革发展过程中必须要完成的使命，而借助国际化办学不断吸收和借鉴境外优质和先进的办学理

---

① 眭依凡.大学理念建构及其现实问题思考[J].中国高教研究,2011(6)：8-15.

念是重要的途径之一。但是，在引进过程中，我们同样需要有所选择，能够根据我国高等教育发展的需要有针对性地引进更符合我国高等教育发展需要的办学理念。具体而言，新时期境外优质办学理念的评判标准如下：

一、能够反映未来高等教育发展的基本趋势

当今世界正在经历百年未有之大变局，以人工智能和量子通信为代表的第四次科技革命方兴未艾，国际社会正在遭受逆全球化逆流，新冠肺炎疫情对全世界正常经贸活动和人类生命健康安全造成了前所未有的挑战。在此背景下，作为以培养人才、开展科学研究和社会服务为主要目的的大学，需要积极应对这些风险挑战，并在此过程中获得向前发展的不竭动力。而大学理念作为办学者对大学未来发展方向和目标的高度概括性论述，就体现了办学者对当前国际国内形势的准确判断，以及对大学如何应对的理性思考。

因此，对大学办学理念来说，是否能及时回应时代发展的需要和反映未来高等教育发展的趋势是判断其办学理念是否先进的基本标准之一。通过对哈佛大学、普林斯顿大学等世界顶尖大学办学理念的梳理，我们可以发现这些大学的办学理念就能反映所处时代发展的基本趋势。比如哈佛大学在其最新的战略规划中提出要"促进意义、价值和创造力（Advancing Meaning，Values，and Creativity）"。[①] 普林斯顿大学提出要"通过卓越的学术、科研与教学促进学习，重点打造全球顶尖大学中有特色的本科生和博士生教育，并将服务国家与世界的理念融入学校发展。"[②]从哈佛大学和普林斯顿大学的办学理念中我们可以看出，两校在应对当今世界的挑战时均有对自身定位清晰的理解，能够较为准确地把握未来高等教育发展趋势，这体现了世界顶尖大学的担当精神和对未来趋势准确的把握能力。在境外优质办学理念的引进过程中，其是否具有先进且能够反映高等教育发展趋势的办学理念是决定引进效果的一大重要因素。优质的办学理念引进能够使两种不同的办学理念得到交流、碰撞并最终走向创新。

---

① Harvard University. President's Message[EB/OL].[2021 - 12 - 09]. http://campaign. harvard. edu/presidents-message.
② Princeton University. Princeton University Strategic Framework [EB/OL].[2021 - 12 - 09]. http://www. princeton. edu/strategic/files/PrincetonStrategic-PlanFramwork2016. pdf.

二、能够符合我国国情及高等教育发展方向

每个国家的高等教育都有自身独特的办学使命，因此也就衍生出了具有各国特征的大学办学理念。我国现代高等教育自诞生以来就始终与国家和民族发展同呼吸、共命运。因此，这也奠定了我国高等教育办学理念的基本底色，即在长期的办学过程中秉持着以自身发展服务于国家发展的基本办学理念。与此同时，我国是一个有着五千年悠久历史的文明古国，传统的文化观念对我国高等教育办学理念有着深刻的影响。比如我国大学重视对人才道德水平的提升、个人修养的养成等，即所谓"大学之道，在明明德，在亲民，在止于至善"。与此同时，在当前我国加快建设高等教育强国的时代背景下，国家与各办学主体也在积极摸索建立具有中国特色的世界一流大学及其办学理念。正如习近平总书记所言："世界上不会有第二个哈佛、牛津、斯坦福、麻省理工、剑桥，但会有第一个北大、清华、浙大、复旦、南大等中国著名学府。我们要认真吸收世界上先进的办学治学经验，更要遵循教育规律，扎根中国大地办大学。"为此，在国家的新发展阶段，我国高等教育工作一方面需要进一步借助国际化办学借鉴和吸收世界范围内先进的办学理念，另一方面也要有针对性地进行遴选和引进，以此筛选真正能够被吸收采纳的优质办学理念。具体来说，优质办学理念应符合以下两点：

首先，要选择符合我国国情的办学理念。我国是一个文化教育传统文明古国，高等教育办学理念也深受古代治学思想的影响。我国高校办学理念大都是一方面强调大学对于国家和民族命运的使命和担当精神，另一方面强调大学对个人道德品质的涵育作用。比如我国清华大学就以"自强不息，厚德载物"为校训及办学理念，北京师范大学也以"学为人师，行为世范"为其基本办学理念。为了避免引进的办学理念"水土不服"，办学主体在遴选和引进境外优质办学理念时需要分析其是否符合我国国情，尤其是其中是否含有强调服务于国家和民族进步的要素，以及对个体道德素质养成的要素等。

第二，要选择符合我国高等教育未来发展趋势的办学理念。当前我国正大力推进高等教育强国建设战略的实施，也在积极通过对高等教育办学理念的重塑来提升大学对国家和民族发展的支撑度和贡献度。在这一过程中，我们需要解决过去重科学研究而轻人才培养的积弊，重纯学术理论研究而轻社会问题解决的症结，还有在人才培养过程中重知识传授而轻能力养成的问题等，而引进境

外优质办学主体和其办学理念是重要的方式之一。近年来，我国通过中外合作办学的形式引进了一批境外办学主体，并在具体办学过程中积极发挥这些办学主体所具备的先进办学理念的优势，从而实现了对我国高等教育办学理念的创新。

从表6-1可以看出，无论是南方科技大学、上海科技大学等我国在近年独立创办的新兴大学，还是通过国际化办学手段创办的中外合作办学机构，例如西交利物浦大学、温州肯恩大学、昆山杜克大学等均在办学理念上有着独到的理解，并且能够有机地与我国高等教育发展结合起来。比如西交利物浦大学就提出了"研究导向、独具特色、世界认可的中国大学和中国土地上的国际大学；培养具有国际视野和竞争力的高级技术和管理人才；积极为经济和社会发展提供科技和管理服务；在人类面临严重生存挑战的领域有特色地开展研究；探索高等教育新模式，影响中国甚至世界的教育发展。"由此观之，利物浦大学在进入中国办学时，刻意强调了其办学理念与中国国情的高度契合性，而且还结合了国情，进一步加强了办学理念的创新。

表6-1　七所新兴大学的办学理念

校　名	办　学　理　念
南方科技大学	"敢闯敢试、求真务实、改革创新、追求卓越"的创校精神，突出"创知、创新、创业"（Research，Innovation and Entrepreneurship）的办学特色。
上海科技大学	"服务国家经济社会发展战略"、培养学生"立志、成才、报国、裕民"的社会责任感。
西交利物浦大学	研究导向、独具特色、世界认可的中国大学和中国土地上的国际大学；培养具有国际视野和竞争力的高级技术和管理人才；积极为经济和社会发展提供科技和管理服务；在人类面临严重生存挑战的领域有特色地开展研究；探索高等教育新模式，影响中国甚至世界的教育发展。
温州肯恩大学	致力于把中国和世界各地的优秀学子培养成为知识经济时代创新创业的精英，积极推动中国教育改革，努力成为中美高等教育领域合作交流的典范。打造具有世界级教育水平的国际化大学，拥有世界级水平的校园设施、师资、科研和管理。
昆山杜克大学	建设扎根于中国并以通识博雅教育为特色的高水平研究型大学，致力于帮助来自世界各地的学生追求有意义、有成就的人生。
上海纽约大学	好奇严谨，厚德敬业，以世界为课堂，以天下为己任。

校　名	办　学　理　念
宁波诺丁汉大学	树立中国高等教育国际合作项目的标杆,充分借鉴英国诺丁汉大学在学术、管理体系、关系网络和声誉上的资源优势,并结合中国的本土实际情况和发展需要加以吸收和改良。培育中国未来的领导人才和企业家,以解决当今和未来国际社会面临的挑战;培养有责任感的国际公民,关心他人、社会和环境的和谐发展。发展学校核心科研竞争力,开展兴趣导向的研究项目以提升人类福祉,推动社会发展。大力推动包括数字技术、新材料、高端制造、电机、金融经济等重点学科的发展,助力地方社会、经济的转型和发展。开展广泛深入合作,提升国际知名度;积极打开校门办学,发挥大学的服务社会功能,增进地方融合,促进大学对地方发展的贡献。

资料来源：各校官方网站

　　总的来说,大学理念是高等教育发展的重要决定因素,在当前我国大力引进境外优质高等教育资源的过程中,应审慎地考察其办学理念是否符合我国当前国情,以及能否适应我国高等教育未来的改革方向。

第二节　优质人才培养模式标准

　　人才培养是大学的核心使命,也是大学这一组织千百年来能不断得到壮大发展的先决条件。因此,人才培养改革历来是世界各国或地区高等教育改革发展的重要内容之一。近年来,全世界范围内掀起了新一轮的人才培养模式改革热潮,这主要是为了应对当前急剧变化的国际政治、经济和科技局势。从国际政治局势看,以美国为首的西方国家牵头的逆全球化势力有所抬头,需要培养更多具有国际理解力,并能应对复杂国际局势,参与全球治理的各类人才。从国际经济局势看,当前世界经济局势复杂多变,我国也正处于向创新驱动经济转型的关键阶段,需要从过去粗放式的经济发展模式向集约式和创新式经济发展模式转型,所以各高校要不断提高人才培养质量,从而培养出更多具有创新意识和能力的各类人才。从国际科技局势看,以人工智能为代表的第四次科技革命正如火如荼地在全世界开展,我国若要在第四次科技革命上占据战略制高点,就需要培养更多具备跨学科思维和能力,具有抢占科技前沿阵地能力的战略性科技人才。

　　因此,我国近年来尤其重视对人才培养模式的改革,在一些国家重大高等教育发展工程中也通常将人才培养模式改革作为重点内容之一,并予以推进。比如在教育部、财政部、国家发展改革委印发的《关于高等学校加快"双一流"建设的指导意见》的通知中指出要"培养拔尖创新人才",具体要求为"深化教育教学改革,提高人才培养质量"。率先确立建成一流本科教育目标,强化本科教育基础地位,把一流本科教育建设作为"双一流"建设的基础任务,加快实施"六卓越一拔尖"人才培养计划2.0,建成一批一流本科专业;深化研究生教育综合改革,进一步明确不同学位层次的培养要求,改革培养方式,加快建立科教融合、产学结合的研究生培养机制,着力改进研究生培养体系,提升研究生创新能力。2021年,三部进一步印发《"双一流"建设成效评价办法(试行)》的通知,并指出,"将立德树人成效作为根本考察标准,以人才培养过程、结果及影响为评价对象,突出培养一流人才,综合考察建设高校思政课程、课程思政、教学投入与改革、创新创业教育、毕业生就业质量以及德智体美劳全面发展等方面的建设举措与成效。"此外,近年来教育部还推出了旨在培养跨学科人才的"新工科""新文科""新医科"等项目。可以说,无论是从国际环境还是从我国高等教育与经济社会发展局势看,强化人才培养模式的改革与创新都是我国高等教育必须要面临的重大使命和任务。在此过程中,通过引进境外先进的人才培养模式,能够与我国传统大学的培养模式形成有机融合,从而焕发出新的生命力,能够为我国顶尖创新型国际化人才的培养做出力所能及的贡献。基于此考量,新时期境外先进和优质人才培养模式应该具有如下几个基本特征:

一、能够满足未来经济社会发展需要

党的十九届五中全会对我国面临的国际国内形势做出了准确的研判,"重要战略机遇期从来不是外部赋予的和静态不变的,更不意味着没有问题、挑战甚至危机;相反,重要战略机遇期一直都是动态变化的,是我国在驾驭复杂矛盾过程中,直面各种问题,审慎应对各种内外挑战甚至危机的过程中积极作为、努力争取得来的。"①反映到大学人才培养模式中,就是要培养出大批能够适应当今复杂多变国际国内局势,具备跨学科思维和工作能力,具有较强国际视野和跨文化交流能力,能够以创造性的方式开展工作的各级各类人才。

---

① 高祖贵.党的十九届五中全会的全局性、历史性意义[N].光明日报,2020,11(05):06.

为了达到更好的引进效果,避免资源浪费,我国相关办学主体在引进境外相应办学资源时,需要深度考察其人才培养模式是否具备满足我国未来经济发展需要的条件。比如国外一流大学人才培养模式的共同特点是:突出全人教育的人才培养理念、促进个性发展的专业设置模式、强调学科交叉的课程设置方式、注重因材施教的教学制度体系、鼓励交流互动的教学组织形式、践行尊重学生的教学管理模式、构建特色鲜明的隐性课程形式和实现全面多元的教学评价方式。① 而这些具有鲜明特色和先进理念的人才培养模式能够为我国高等人才的培养过程提供更多元的可能性。比如在本科生培养过程中注重对跨学科基础知识的教学,能够让本科生在大一和大二就养成跨学科学习和思考问题的习惯。到了大三大四,学生再根据自身未来职业发展兴趣和发展预期选择不同的模块,以明确其未来专业发展方向,使人才拥有更强的可塑性。

二、能够培养拔尖创新型人才

习近平总书记曾经在《求是》杂志撰文时提到:"全部科技史都证明,谁拥有了一流创新人才、拥有了一流科学家,谁就能在科技创新中占据优势。"而一流创新人才和一流科技人才的造就离不开大学教育阶段拔尖创新型人才的培养。在国际竞争日益激烈的时代背景下,竞争的本质就是拔尖创新人才数量和质量的角逐。一个国家或地区能够培养并拥有一大批拔尖创新型人才,在国际竞争上就能够处于优势地位,反之亦然。当前我国正处于创新驱动经济发展模式转型过程之中,拔尖创新型人才的培养也变得日益紧迫和重要。

在进一步讨论拔尖创新型人才的培养前,我们需要先厘清拔尖创新型人才的内涵特征。从内涵上看,德国慕尼黑大学教授海勒(Kurt A. Heller)指出:"拔尖创新人才就是在某一学科领域有突出的表现,可以综合使用有创意的和创新的方式来解决复杂的问题,他们所取得的成绩能够受到公认,且自身具有一定国际竞争力的人才。"② 前北京大学校长周其凤认为:"拔尖创新人才是指具有高尚品德、博专知识、创新能力,具有明确的目标选择、长期的优势积累和突出的创

---

① 董泽芳,王晓辉.国外一流大学人才培养模式的共同特点及启示——基于对国外八所一流大学培养杰出人才的经验分析[J].国家教育行政学院学报,2014(4):83-89.

② Heller, K. A. High Ability and Creativity: Conceptual and Developmental Perspective[M]//Ed. A. G. Tan. Creativity: A Handbook for Teachers. Singapore: World Scientific Publishing Co. Ptc. Ltd, 2007: 47-64.

新业绩,被社会承认的学术、技术、企业和管理等方面具有国际竞争力的创新精英人才。"①由以上的几个定义我们可以看出,拔尖创新型人才有其丰富又相似的内涵,即他们都具备独立思维和创新精神,强烈的事业心和责任感,能够在某个领域具有领导力和国际竞争力。与此同时,拔尖创新型人才还具备较为鲜明的特征。陈希提出:"拔尖创新人才必须德才兼备,对探索未知世界具有浓厚的兴趣和丰富的想象力,具有创新的勇气和思维方式,合理完善的素质结构和知识结构,宽广的国际视野等。"②杨卫认为,拔尖创新人才应具备合理的知识结构、较强的创新与实践能力和良好的非智力因素等基本素质特征。③ 此外,理论学术界对拔尖创新型人才的内涵与特征有着较为一致的认识和理解,比如拔尖创新型人才都具备较为高尚的道德水准,完善的知识结构,敢于创新和拥有向未知世界挑战的勇气与精神,宽广的国际视野等等。

基于对拔尖创新型人才内涵和特征的梳理,我们可以进一步探讨其对应的培养模式。在高等教育国际化日益深化的时代背景下,借助国际合作开展拔尖创新型人才培养是重要方式之一。而在遴选境外优质教育资源时,办学主体需要考察其人才培养体系是否具备拔尖创新型人才培养的基本要素或内涵,比如是否具有超脱于功利价值,目标远大的人才培养目标;是否具有对学生社会使命感和担当精神培养的内容;是否具有创新思维与挑战精神培养的相关内容等等。只有引进具备拔尖创新型人才培养要素的人才培养模式,才能充分利用境外相关办学主体在拔尖创新型人才培养方面的成功经验,为我国经济社会发展培养一大批高素质人才。所以,这也是我们在引进境外相关办学资源时的基本判断标准之一。

第三节 优质管理制度标准

大学是一个复杂的社会组织,需要有效治理才能充分发挥其功能。在治理过程中,除了理顺各治理主体的关系外,还需要相对应的先进管理制度,且后者

---

① 全国哲学社会科学规划办公室.国家社会科学基金项目"研究型大学建设与拔尖创新人才培养"成果公报[EB/OL].(2020 - 04 - 03). http://cpc. people. com. cn/GB/219457/219471/219485/220183/221258/14621057. html.
② 陈希.按照党的教育方针培养拔尖创新人才[J].中国高等教育,2002(23):5 - 7.
③ 杨卫.坚持卓越教育理念 培养拔尖创新人才[J].中国高等教育,2007(21):14 - 16.

是决定治理成效的重要因素。长期以来,我国高等教育在办学实践中,除了持续加强本土化管理制度的摸索与建设,也积极引进、吸收和借鉴国外先进办学制度,比如大学的人事管理制度、学术评价制度、绩效考核制度、学生管理制度等等,以此优化高校的管理制定,提升管理效能。

近年来,在我国推出的一些国家重大高等教育发展战略工程中,也明确提出要加强大学的制度创新意识和能力。比如教育部、财政部、国家发展改革委在2018年印发的《关于高等学校加快"双一流"建设的指导意见》中,就明确指出要"完善中国特色大学制度",并提出具体要求:"以制度建设保障高校整体提升。坚持和完善党委领导下的校长负责制,健全完善各项规章制度,贯彻落实大学章程,规范高校内部治理体系,推进管理重心下移,强化依法治校;创新基层教学科研组织和学术管理模式,完善学术治理体系,保障教学、学术委员会在人才培养和学术事务中有效发挥作用;建立和完善学校理事会制度,进一步完善社会支持和参与学校发展的组织形式和制度平台。充分利用云计算、大数据、人工智能等新技术,构建全方位、全过程、全天候的数字校园支撑体系,提升教育教学管理能力。"因此,加强大学内部治理制度创新,提升大学内部治理能力和效能是新时期我国高等教育发展的重要目标之一。而在高等教育国际化深化发展的时代背景下,我们需要以引进境外优质办学资源的方式不断创新和优化我国高等教育内部治理制度。大学制度是由一系列法律、法规、章程、规定等要素组成的制度体系,特定时期大学制度的内容集中反映了办学者的办学精神与价值导向,是学校为维护正常教学秩序,依照法令、政策而制定的具有指导性和约束力的应用文本。① 因此,我们在引进境外优质高等教育管理制度时,就需要从以下几个方面考察其是否符合新时代高等教育发展的需求。

一、蕴含新时代大学追求的基本大学精神

管理制度是对办学者所追求大学精神的集中体现,比如办学者采取以学生为中心的办学理念时,其管理制度会更倾向于站在学生视角;坚持以学术自由为其基本办学理念时,其管理制度会更多着重于激发学术生产力和创造力等。从当今世界高等教育发展的基本趋势看,世界先进管理制度具有践行依法治校的

① 江必新,王红霞.国家治理现代化与制度构建[M].北京:中国法制出版社,2016:23.

理念、坚守学术自由的传统、彰显民主管理的思想以及秉持以人为本的信念等基本特点。① 据此,我们在引进和采用境外相关管理制度时就要从这四个方面去考察,并有针对性地借鉴、吸收和利用。

首先,当代的大学管理制度要体现"依法治校"的基本理念。"依法治国"是我国的基本治国理念,一以贯之的是在大学治理中也同样需要坚持依法治校的基本理念。其次,先进的大学制度要体现坚守"学术自由"的基本传统。大学是以知识创新和知识传承为重要使命的社会组织,大学也正是因为上百年来能够不断地以批判性和创造性的方式创新知识而得以推动社会的进步和发展。在此过程中,大学制度就需要保证大学尤其是学者自由开展学术研究的基本权力和自由。当然,这种学术自由也不是绝对的,其需要规定在一定范围内,并在此范围内赋予学者开展学术研究的充分自由。第三,先进大学制度要体现"民主管理"的基本原则,这是由大学的基本性质所决定的。大学是一个以追求学术进步和发展为目标的机构,要求教师、学生之间以平等自由的方式交往交流,以此区别于科层式的行政管理,所以大学学术事务的管理要坚持学术优先的民主管理基本原则,在处理和管理学术事务时能够尊重学者的意见,以追求学术真理为根本目标。最后,当代先进大学制度还要体现"以人为本"的基本理念,这也是由大学的基本性质所决定的。大学由一批有着独立思考能力的学者和充满求知欲望的学生所组成。因此,大学的所有管理制度都要紧密围绕着服务教师和学生,以促进其发展和成长为根本宗旨。比如相关管理制度设计要以师生的根本利益为出发点和落脚点;要充分依靠师生,尊重师生的首创精神;制度的生成程序要规范合理、公开透明;制度的执行要从师生中来,到师生中去;发挥好师生对制度实行的监督作用。②

因此,我国在引进境外优质高等教育资源时,需要充分借鉴、吸收并内化境外办学主体所带来的先进管理经验和内部治理制度,同时需要加强对其优质性的考察和判断,要引进那些符合现代大学精神的大学管理制度。

二、具有规范性,能够规范各办学主体办学行为

正所谓"无规矩不成方圆",大学是一个复杂的矛盾综合体,在大学内部有着

---

① 张照旭,李玲玲.世界一流大学制度体系:内涵、特征及启示[J].国家教育行政学院学报,2020(7):52-59,77.

② 刘鑫.以人为本视域下的大学制度建设的哲学思考[J].南京航空航天大学学报(社会科学版),2015(1):16-19.

异常复杂的各种关系,比如学术权力与行政权力之间的关系,教师与学生之间的关系,行政管理者与教师的关系,不同层次类型教师之间的关系等等,而这些关系的处理均需系统的管理制度。因此,判断一个大学管理制度是否先进的基本标准之一就是其能否理顺复杂的大学内部各治理主体的关系,同时明确各自的职责和权限范围。此外,大学管理制度的规范性主要体现在其出台的相应政策举措是否具有系统性,即能否系统性地对各主体的办学行为做出规定;二是要具有透明度,对于能做以及不能做的事情均要有明确的规定。比如美国哈佛大学就出台了诸如《反歧视和审查政策》《反性骚扰政策》《禁毒品和酒精政策》《信息安全和隐私政策》《禁烟政策》《反暴力政策》《反不检点性行为政策》的政策,这些政策对师生相应行为都做出了明确的规定。

因此,我们需要充分学习和借鉴境外办学主体在制度规范性上的成熟经验,尤其是在涉及与师生切身利益相关的具体规定上,境外大学大都有非常成熟的经验。例如事无巨细的学生管理细则,上到学生的入学、学籍管理,下到学生在校的具体行为规范等等,都能够做出明确的规定与约束。这也能让学生明确自身的学习生活任务和准则,明白哪些事情能做,哪些事情不能做,从一开始就建立起学生的规则意识与行为规范,也有利于学生健康的成长和发展。所以,通过引进境外合作方在学校事务管理上的优质规章制度,能够进一步提升我国办学主体制定相关规则的能力,提高学校事务的管理效能和水平。

第四节　本章小结

新时期背景下,我国在引进境外优质高等教育资源时除了要强化对显性教育要素资源的引进外,还要进一步强调对隐性教育要素资源的引进。事实上,决定一个国家或地区高等教育发展水平的往往是一些隐性教育要素,比如先进的办学理念、人才培养体系、管理制度等等,而且这些要素资源往往能够对我国高等教育产生持久和深层次的影响。因此,在新的发展时代背景下,我们需要重视对境外优质隐性教育要素资源的引进、吸收和利用,并且建立起严格的引进标准,但由于这些要素的性质特殊,更多只能做出描述性判断。所以,本章也分别对办学理念、人才培养体系和管理制度的优质标准做出了探索性和理论性的分析,但在具体实践办学过程中,办学者需要根据实际情况进行调整与权衡,尤其要注意引进资源与我国既有高等教育体系的有机耦合,从而避免水土不服。与此同时,还要注意对引进资源意识形态的审查,确保其符合我国的相关法律法规和政策,也符合我国的基本国情和高等教育发展趋势。

国外大学的办学理念首先来说都不一样,然后也很通俗易懂,也不一定是用最华丽的辞藻来表达,都是从教育规律,人发展的规律和贡献于社会,以及要为社会承担什么样的责任等方面来描述他们的办学理念。因此他们的办学理念既高大上,但又很接地气,很容易被人理解和接受,很容易深入人心。国外的大学就是遵循教育的规模和本质,他们的办学模式从不去模仿谁,都是基于自身的办学理念和定位有自身独特的人才培养、社会服务和科学研究模式。但他们的管理制度有个特点,就是专注于学生发展,专注于学术发展,专注于服务师生。但我国的管理制度行政上的东西太多。比如国外管理制度尤其关注学术诚信,此外还非常擅长利用信息化的手段,用数据说话,用事实说话以保证更大的公平和透明。此外,国外管理制度尤其关注促进学生的发展,真正做到了以学生为中心。

第七章
风险社会理论下我国高等教育
国际化的挑战与对策

题记： 2020年冬春之际，一场突如其来的新冠肺炎疫情席卷全球，对国际政治经济以及文化教育事业均造成了巨大的影响。与此同时，当今世界正面临着来势汹汹的"逆全球化"浪潮，突出表现为英国脱欧和中美之间的贸易和非贸易摩擦。这股浪潮不仅显著拉低了世界各国的经济增长，也给全球治理带来了严峻挑战。① 在疫情和逆全球化的双重冲击下，高等教育特别是其中的国际化事业受到了尤其突出和深刻的影响。正如美国波士顿学院国际高等教育中心研究教授兼创始主任菲利普·G·阿特巴赫及波士顿学院国际高等教育中心主任汉斯·德维特所言：新冠肺炎疫情正在颠覆全球各个经济体、高等教育以及数以百万计民众的生活：大学被关闭，课程被取消或者进行网上授课，会议被取消。与国际高等教育直接相关的是，有意申请入学的学生无法参加考试，各种出国留学计划被取消；国际学生无法前往校园或者无法返回家园；教职人员被要求不要前往疫情严重的国家或者被要求不要出国。② 在逆全球化浪潮方面，以美国为代表的国家不断改变对我国高等教育国际合作的政策，同时加强了政策的对抗性，比如取消富布莱特学者计划，美国北得克萨斯大学公开驱逐受国家留学基金委资助的访学者，收紧对中国留学生签证政策等。疫情以及逆全球化对世界及我国高等教育国际化工作带来了巨大冲击，增加了许多不确定性和风险。在面临严峻挑战时，我们需要以创新的思维寻找挑战中的机遇并提出有效对策。

---

① 万广华，朱美华."逆全球化"：特征、起因与前瞻[J].学术月刊，2020(7)：33-47.
② 周岳峰编译.新冠肺炎以前给高等教育国际化带来的影响[J].世界教育信息，2020(5)：13-15.

当今世界正在经历百年未有之大变局,新冠肺炎疫情加速欧美逆全球化,给我国高等教育对外开放事业带来了前所未有的挑战和风险。而我国依然是世界高等教育发展中国家,还需要借助进一步扩大教育对外开放以引进境外优质高等教育资源的方式提升我国高等教育核心竞争力。因此,我们需要强化基础理论的研究和分析,为实践中应对相关风险挑战提供理论遵循。

第一节　问题的提出

作为以强调教育要素资源大规模跨境流动与配置为核心的高等教育国际化来说,2020 年是必定会被载入史册的一年。受疫情影响,逆全球化浪潮不断翻涌,国家区域间高等教育交流与合作的形式与内容都发生了巨大变化,而这种变化在未来很长一段时期内都将作为改变高等教育国际化理念以及实现方式的重要因素。我国作为高等教育发展中国家,依然需要进一步借助国际化办学,将境外优质教育资源整合进我国高等教育办学体系之中,所以需要努力克服疫情及逆全球化带来的负面影响,逆势而上,在困境中寻找新的机遇。据此,2020 年 6 月,《教育部等八部门关于加快和扩大新时代教育对外开放的意见》(以下简称《意见》)正式印发。《意见》坚持"内外统筹、提质增效、主动引领、有序开放"等基本原则,对新时代教育对外开放工作做出了重点部署。该文件意义重大,影响深远。由此可见,我国政府以高度的使命感与责任感,积极应对疫情对教育对外开放带来的不利影响,持续推进高等教育强国建设的国家战略。与此同时,我国也需要进一步强化国际交流与合作,以共同应对疫情和逆全球化带来的负面影响,彰显作为大国的使命担当。

基于现代信息技术与交通工具的不断发展,自进入 21 世纪以来,国家区域间的时空距离被不断压缩,"地球村"也从概念成为现实。全球化的持续推进一方面极大地释放了人类的生产力,另一方面也必然将人类命运紧密联系在一起,所以人类在享受全球化和现代化带来的福利的同时,也必然会成为休戚与共的利益共同体与责任共同体。全球化时代,一些区域性问题不断演变成全球性问题,诸如能源危机、环境污染、恐怖主义威胁以及公共传染性疾病等,此次由新型冠状病毒所引发的疫情就波及全球,对全球政治、经济和教育格局产生了深刻影响。因此,与全球化和现代化相伴随的便是当代社会在快速发展中产生的不确定性与风险,使现代社会与风险社会成为如影随形的"孪生兄弟"。正如风险社会理论的创建者贝克所归纳的风险社会的内涵,"风险社会的中心论题是:各种后果都是现代化、技术化和经济化进程的极端化不断加剧所造成的后果,这些后果无可置疑地让那些通过制度使副作用变得可以预测的做法受到挑战,并使它成了问题"。[①]

就高等教育来说,随全球化的持续深入推进,高等教育国际化已成为推动高等教育变革与发展的核心力量之一。在全球化和高等教育国际化的关系上,人们日益达成共识,认为前者构成了后者的主要推动力,并且使得近代的高等教育国际化呈现出与以往截然不同的态势。[②] 在深入推进教育对外开放过程中,我国也同样是高等教育国际化的受益者,当然也要面临全球高等教育局势变化带来的风险。疫情及逆全球化对我国这样一个高等教育发展中国家来说影响十分明显,特别是在我国不断深化教育对外开放的时代背景下,这种影响尤为深刻。基于此,我们需要以更系统和高瞻远瞩的思维认清各种风险对我国高等教育国际化事业带来的挑战,潜藏的机遇以及相关的应对之策。

第二节　风险社会理论及适恰性分析

人类经历三次工业革命后,社会生产力得到极大释放,人类的生活质量与活动范围得到了前所未有的提高和扩大,生产方式和生活方式也日趋多元。多元化的社会既蕴含着巨大的生产力与活力,同时也暗藏着危机与风险,且现代社会已经成为一个高风险社会。于是,一些社会科学理论家敏锐地捕捉到了这些社会性问题,并从风险的概念内涵,风险产生的内在机理以及如何规避风险等方面做出了系统的理论建构。1986 年,德国著名学者乌尔里希·贝克在其德文版的《风险社会:迈向一种新的现代性》提出了"风险社会"(Risk Society)的概念,用来描述当时西方高度发达的现代社会,并从社会学层面反思、批判现代性出现以来风险因素日益突出的社会现象。随后,贝克又发表了《全球风险社会》等著作,形成了他关于风险社会理论的基本框架。[③] 本研究将以贝克的风险社会理论为基础理论,以此分析新形势下我国开展高等教育国际化工作面临的挑战,以及将

---

① (德) 乌尔里希·贝克.自然与资本主义[M].路国林,译.杭州:浙江人民出版社,2004:125.
② 曾满超,王美欣,蔺乐.美国、英国、澳大利亚的高等教育国际化[J].北京大学教育评论,2009(2):75-102+190.
③ 刘莹.贝克"风险社会"理论及其对当代中国的启示[J].国外理论动态,2008(1):83-86.

有哪些机遇,并提出相对应的应对之策。

一、风险社会概念内涵及特性

风险是人类在追求财富的现代化进程中的"副产品",并伴随着迅速增长的生产力和高度发展的科技急剧膨胀。[①] 在高度复杂的现代社会里,风险已成为发展与进步的孪生兄弟,在人类改造自然与创造财富的能力不断提升的同时,人类也面临着越来越严峻的生存危机与灾难。比如人类对核能的利用在带来源源不断的廉价能源的同时,也会让人类面临核武器的威胁与核泄漏的风险。

贝克将风险视为"指明自然终结和传统终结的概念。或者换句话说,在自然和传统失去它们的无限效力并依赖于人的决定的地方才谈得上风险。风险概念表明人们创造了一种文明,以便使自己的决定将会造成的不可预见的后果具备可预见性,从而控制不可控制的事情,通过有意采取的预防性行动以及相应的制度化的措施,战胜种种(发展带来的)副作用。"[②]通过贝克对风险所下定义,我们可以将"风险"这一概念理解为:产生于现代社会而非自然社会,且越是在复杂的社会关系下风险的存在越具有普遍性;是人类文明发展到一定阶段后的一种文明形式,表明了人类有意识地将风险作为一种发展性要素纳入社会发展系统之中;表明了人类试图通过积极的制度性建设努力规避风险,以及降低现代化社会发展带来的副作用。

之后,贝克对"风险"这一概念做了更深入的分析与阐释,他指出了风险的八大特性: ① 风险既不等于毁灭也不等于安全或信任,而是对现实的一种虚拟;② 风险指充满危险的未来,与事实相对,成为影响当前行为的一个参数;③ 风险既是对事实也是对价值的陈述,它是二者在数字化道德中的结合;④ 风险可以看作是人为不确定因素中的控制与缺乏控制;⑤ 风险是在认识(再认识)中领会到的知识与无知;⑥ 风险具有全球性,因而它得以在全球与本土同时重组;⑦ 风险是指知识、潜在冲击和症状之间的差异;⑧ 一个人为的混合世界,失去自然与文化之间的两重性。[③] 因此,在贝克看来,"风险社会"是由人类知识的增长和科学技术的不断进步引起的不确定性造成的,也是工业现代化的发展模式引起的现代

① 夏玉珍,郝建梅.当代西方风险社会理论:解读与讨论[J].学习与实践,2007(10):120-128.
② (德)乌尔里希·贝克.自由与资本主义[M].杭州:浙江人民出版社,2001:19.
③ Barbara Adam, Ulrich Beck and Joost Van Loon. he risk society and beyond[M]. SAGE Publication Ltd. 2000:11-229.

性危机的后果,他的风险社会理论是对社会变迁中的一种意识形态和价值体系的描述。① 此外,风险社会学家们对风险社会的特征做了深刻的描述,认为其主要具备如下几个基本特点:第一,风险的规模和范围发生了重大变化;第二,风险的程度发生了根本性的转变;第三,风险社会是"被制造出来的风险"占主导地位的社会;第四,风险社会中风险具有高度复合性与复杂性特征。② 也就是说,在现代社会中,风险已成为一种全球性的概念,且对人类生存状态有决定性影响,是一种人为的且具有高度复合性与复杂性的社会现象,例如 2020 年由新型冠状病毒所引起的疫情带来的全球性风险就具有以上特征。

总之,风险社会的概念是在人类不断反思现代化的过程中被提出,这既是人类对自身发展处境的一种理性审思,也是对未来发展不确定因素的一种确定性努力。可以说,风险社会理论的提出,是人类在面对来自未知世界潜在危险的能动性努力。

二、风险社会理论在本研究的适恰性分析

国际化是现代性在高等教育领域的反映。高等教育国际化伴随现代社会的发展而不断发展,可以说高等教育国际化就是社会现代化发展的直接产物。具体来说,一方面,现代通信与交通工具的发展为跨国或区域间高等教育的交流与合作提供了现实可能性;另一方面,随现代社会的不断发展,社会问题逐渐糅合了全球性、多元性与复杂性特征,对跨国或区域间高等教育全方位的深入交流与合作提出了现实性需求;再者,高等教育组织自身需要借助国际交流与合作来实现创新与突破,例如办学理念以及办学模式在互学互鉴中得到创新。因此,高等教育国际化既是现代性发展的直接产物,具备现代社会的一般属性,还要在现代社会中面对现代化发展带来的挑战与风险。与此同时,风险社会理论强调风险具有二重性:一方面,风险意味着不确定性、危险性;另一方面,风险是社会发展、创新的动力源泉。③ 例如学者吉登斯就指出,风险具有明显的两面性,一方面,"它的本性决定了它导致危害性后果的可能性";但另一方面,"它是经济活力和多数创新,包括科学或技术类创新的源泉。"④国际化会给高等教育发展带来

---

① 刘莹.贝克"风险社会"理论及其对当代中国的启示[J].国外理论动态,2008(1):83-86.
② 庄友刚.风险社会理论研究述评[J].哲学动态,2005(9):57-62.
③ 李惠斌主编.全球化与公民社会[M].桂林:广西师范大学出版社,2003:300、296.
④ 安东尼·吉登斯.现代性的后果[M].田禾译.上海:译文出版社,2000:44.

风险,且在疫情危机下这种风险会被进一步放大,但也蕴含着无限机遇,通过对不确定因素的排除,就能降低风险,迎来高等教育新的发展局面。因此,应用风险社会理论来分析高等教育国际化这一社会性现象具有理论适恰性。

高等教育国际化是现代性的直接产物,这是风险产生的基本前提。现代高等教育虽然有数百年的发展历史,但国际化却是近现代社会发展过程中出现的产物。"现代性"由西方学者提出是用来在总体性反思一定历史发展阶段(即现代社会)生产方式、交往方式、生存方式和思维方式及其蕴含的思想观念,并寻求发展的再生之路的一个核心概念,是指现代社会不同于传统社会的根本特质,是对现代化的"本质""特性"的概括和表达。① 较之于传统和封闭状态下的高等教育,国际化就是高等教育在一定历史发展阶段后与传统截然不同的发展的再生之路。1997 年,马利克·范·德·沃德(Marijk van der Wende)以及西蒙·马金森(Simon Marginson)提出"高等教育国际化是经济政治和信息技术全球化的结果"。② 此后,国际大学联合会(International Association of Universities,IAU)对高等教育国际化给出定义,他们认为"高等教育国际化是把跨国际和跨文化的观点和氛围与大学的教育工作、科研工作和社会服务等主要功能相结合的过程。而且是个包罗万象的变化过程,既有学校内部的变化,又有学校外部的变化,既有自上而下的,又有自下而上的,还有学校自身的政策导向"。③ 2004 年,简·奈特将高等教育国际化进一步定义为"在院校与国家层面把国际的、跨文化的、全球的维度整合进高等教育的目的、功能或传递的过程。"④因此,可以说国际化是高等教育在全球化时代的现代性表征,高等教育通过跨国和区域的方式开展人才培养、学术研究等生产活动,使国家区域间高等教育办学主体的交往更加密切和多元,并通过全球性的资源配置与交换转变既有生存方式,办学者也可以全球性视野来思考高等教育办学行为。在人类关于高等教育的知识不断增长,高等教育组织形式愈加复杂的背景下,便会引起一种不确定性,而这种不确定性便是高等教育发展过程中产生风险的基本前提。与此同时,当代高等教育国际化与

---

① 韩庆祥.现代性的本质、矛盾及其时空分析[J].中国社会科学,2016(2):9-14.
② WENDE MVD, MARGINSON S. Globalization and Higher Education[J]. OECD Education Working Papers,2007,8(1).
③ ALTBACH P G. Higher Education Crosses Borders: Can the United States Remain the Top Destination for Foreign Students? [J]. Change,2004,36(2).
④ KNIGHT J. Internationalization Remodeled: Definitions, Rationales and Approaches [J]. Journal for Studies in International Education,2004,8(1):5-31.

风险社会的基本特征高度契合。因此,本研究使用风险社会理论来分析当前疫情危机以及逆全球化冲击下高等教育国际化所面临的挑战、机遇以及应对举措具有高度的契合度和解释力。

第三节　我国高等教育国际化面临的风险

突如其来的新型冠状病毒肺炎疫情对全球高等教育正常秩序造成了巨大影响,与此同时,以美国为主导的逆全球化势力打破了既有的世界高等教育国际交流与合作秩序。我国作为高等教育国际化的积极参与者、推动者与受益者,同样也深受影响。国际化作为高等教育现代性的一种表现方式,自身便蕴藏着风险,加之受到疫情的直接冲击,又进一步加大了引发危机的可能性,或会对我国高等教育事业造成不可挽回的损失。因此,基于风险社会的理论视角,再结合疫情宏观背景来分析我国高等教育国际化将面临的挑战有其必要性,这更是提出相应对策的前提。

一、尚未形成应对危机的高等教育全球治理体系造成既有合作格局失序

受疫情和逆全球化冲击,全球既有的高等教育国际合作秩序受到极大冲击,主要体现在:不同国家或地区受疫情影响采取不同的封闭措施,导致一些高等教育合作项目不得不中止或者以其他方式替代;不同国家和地区间缺乏协调一致的高等教育政策,导致在面对疫情和逆全球化冲击时各办学主体各行其是甚至相互矛盾,以及受到以上因素影响普遍性产生的对高等教育国际合作的悲观心理等。故此,全球需要有强而有力的全球高等教育治理体系来协调不同利益主体,并解决这些现实性问题。所谓"高等教育全球治理"是指国际组织在全球范围内通过正式的或非正式的国际规则在高等教育领域产生超越国界的影响、作用的过程与结果。① 长期以来,在构建高等教育全球治理体系过程中,联合国教科文组织(United Nations Educational, Scientific and Cultural Organization, UNESCO)发挥了重要作用。但由于近年来贸易保护主义和单边主义有所抬

---

① 段世飞,刘宝存.联合国教科文组织参与全球高等教育治理的目标、维度与权力博弈[J].高校教育管理,2019(2):57-67.

头,联合国教科文组织在协调全球高等教育治理秩序的能力不断弱化,其倡议对成员国没有足够的约束力,因此很难促使国际社会采取集体行动。① 因此,对于我国高等教育来说,首先要面临的困境便是既有的国际交流与合作格局失序。如何应对这种失序的格局,是当前我国高等教育理论研究者与实践工作者需要直面的现实挑战。

二、在面临失序的国际高等教育秩序时主动应变能力将受到严峻考验

新冠肺炎疫情及逆全球化对既有国际高等教育交流与合作秩序会产生难以避免的重塑性影响。在解构与重构过程中,唯有那些能够迅速适应新局面并主动调整既有办学策略的高校才能化危为机,觅得新发展机遇。因此,新形势下的高等教育统筹部门需要主动增强应变能力。具体来说,是指政府或办学主体在面临国际局势发生改变时,所做出的反应和作出的决策。这种应变能力包括:对国际高等教育局势及发展趋势的研究判断能力,有力应对新形势下不同挑战的政策制定能力,以多种形式正常开展教育教学活动的能力等。可喜的是,疫情发生后,我们可以看到我国无论是政府还是各级各类高校均纷纷行动了起来,采取不同的交流方式克服疫情对国际化办学工作带来的不利影响。比如在政府层面,教育部等八部委联合发布《教育部等八部门关于加快和扩大新时代教育对外开放的意见》,从中央政府层面进一步坚定了扩大教育对外开放工作的意志,明确了在疫情冲击下做好相应工作的基本原则与方法等,以及表明了在逆全球化势力冲击下我国政府的鲜明态度。在学校层面,我国各大高校也积极采取多种措施来克服疫情的不利影响,基本保证了正常及必要的国际交流与合作活动的顺利开展。

三、疫情及逆全球化冲击下传统高等教育国际化实现模式将产生剧变

高等教育的国际化实现方式随时代发展而不断演变。在初级阶段,国际化主要以简单的人员、人文交流为主。随全球化水平的不断提升,高等教育国际化

---

① 孔令帅,张民选、陈铭霞.联合国教科文组织全球高等教育治理的演变、角色与保障[J].教育研究,2016(9):126-134.

进入高级阶段,其国际化的实现方式则更为丰富,内容也更为多元。根据知识输送方式的不同,我们可以将目前高等教育国际化发展模式分为三种类型:内向型高等教育国际化、外向型高等教育国际化和综合型高等教育国际化。当前我国的高等教育国际化是一种典型的内向型模式,即国际化过程更多关注、了解和学习国际高等教育的先进文化成果,与国际高水平大学开展以引进为主的单向度的交流与合作。① 但是,受疫情及逆全球化的影响,无论是我国还是欧美国家的高等教育国际化实现模式都将发生剧变。以我国为例,传统的内向型实现模式已然发生改变,具体体现在国际化办学动因、理念、目标、内容、方式等内容上的变化。从国际化办学对象来说,我国将过去以和欧美高等教育发达国家为主的合作转向更多元合作对象的选取,例如近年来我国强化了与东欧以及俄罗斯等国家和地区的高等教育合作。从国际化的实现方式看,将过去以线下人员交流为主向线下和线上相结合的多层次、多类型、多手段的国际交流与合作方式转型。

第四节　我国高等教育在危机下的新机遇

风险在英文里是"Risk",本意是指冒险和危险,从字面意义上来理解,风险是具有一定危险的可能性,或者说是有可能发生的危险和灾难。风险与灾难不同,风险是尚未发生的灾难,风险概念是一种可能性概念。② 与此同时,根据贝克对风险社会所下定义:"风险概念表明人们创造了一种文明,以便使自己的决定将会造成的不可预见的后果具备可预见性,从而控制不可控制的事情,通过有意采取的预防性行动以及相应的制度化的措施战胜种种(发展带来的)副作用。"③可以说,从风险社会理论的视角,风险不等于危险,也不等于现存的伤害或损失。身处当下,疫情以及逆全球化浪潮对高等教育国际化带来了极大的风险甚至危机,但只要我们在此过程中积极应对,采取更多预防性行动和相应的制度化措施来战胜这些负面影响,同样也会迎来重大的发展机遇。正如习近平总书记在浙江考察时强调:"危和机总是同生并存的,克服了危即是机。随着境外疫情加速扩散蔓延,国际经贸活动受到严重影响,我国经济发展面临新的挑战,

① 毕晓玉,张晓明.内向型与外向型:中美高等教育国际化发展模式分析[J].现代大学教育,2006(1):84-88.
② 周战超.当代西方风险社会理论引述[J].马克思主义与现实,2003(3):53-59.
③ (德)乌尔里希·贝克.自由与资本主义[M].杭州:浙江人民出版社,2001:119.

同时也给我国加快科技发展、推动产业优化升级带来新的机遇。"①基于风险社会理论视角,综合研判国际及我国高等教育发展局势后,我国高等教育国际化将迎来如下重大发展机遇。

一、在不断被重塑的高等教育国际新格局进程中转型外向型合作模式

正如英国牛津大学教育系教授、牛津大学全球高等教育研究中心主任西蒙·马金森所言:新冠肺炎疫情将重塑全球高等教育格局。② 因此,在此过程中,我国作为世界高等教育的新兴力量能够发挥后发优势,在新的格局塑造过程中觅得新机遇。具体来说,我国高等教育在国际化办学过程中将迎来如下机遇:首先,在疫情及逆全球化影响下我国或会成为国际重要留学目的地。在抗击此次新冠肺炎疫情过程中,我国取得了举世瞩目的成就,经济社会正在逐步恢复正常秩序。与此相对的是欧美等国家和地区在疫情应对上较不得力,其感染率依然高居不下,以美国为首的欧美国家还进一步收紧了留学政策。在这一背景下,中国对于国际生源的吸引力不断得到增强。为此,我们需要抢抓这个机会,在做好疫情防控的同时逐步加大对国际留学生的招收力度,使我国成为世界重要的留学目的地之一。其次,我国将有可能成为国际高等教育合作示范区。受疫情及美国逆全球化思维影响,欧美等国家或地区不断收紧国际高等教育交流与合作政策。在此形势下,我国不仅没有收紧高等教育国际合作政策,2020 年 6 月还进一步出台了《教育部等八部门关于加快和扩大新时代教育对外开放的意见》,这表明了我国的决心和态度。在此背景下,我国需要抢抓机遇,以更开放的姿态和更坚定的决心努力成为国际高等教育合作的示范区,为世界高等教育发展进步做出更大的贡献。最后,将有力重塑我国高等教育国际化实现模式。前文讲到,虽然我国长期以来积极参与高等教育国际交流与合作,但仍然是以资源引进和生源输出为主要内容的内向型高等教育国际化实现模式。但在新的时代背景下,我国高等教育国际化实现模式将会发生较大变化,并在此过程中提升对境外留学生的吸引力,强化高等教育走出去步伐。因此,疫情及逆全球化将有可

能重塑我国高等教育国际化实现模式,外向型实现模式将是未来的发展趋势。

二、在高等教育国际化新的实现方式中获得新动能

受疫情的影响,人与人之间的距离被迫拉大。高等教育的国际交流与合作也要么被迫中止,要么被其他方式所替代。但人总是具有主观能动性,在面对不利形势时,会积极行动起来克服困难并寻找新的发展方式,并在此过程中获得高等教育发展新动能。正如美国波士顿学院国际高等教育中心研究教授兼创始主任菲利普·G.阿特巴赫、波士顿学院国际高等教育中心主任汉斯·德维特所言:一些教育工作者反而看到了这场危机对国际高等教育产生的积极影响:在线教学的增加以及与其相关联的碳足迹的减少。[①] 就我国高等教育来说,在疫情背景下将有可能获得以下新发展动能:第一,助推国际交流与合作模式的改革创新。疫情之下,不同国家区域间人员面对面的线下交流机会大大减少,借助互联网开展线上国际交流与合作已成常态,这既节省了面对面交流与合作的成本,还开创了新的国际化沟通交流模式。在后疫情时代,这种线上的国际交流与合作模式已然成为重要的国际化交流方式。第二,留住更多本土优质生源。受疫情影响,一方面广大境外留学生不能按期顺利返校,另一方面也进一步降低了国内学生出国留学的热情,我国高校能够借此机会吸引更多优质生源在本土就读,越来越多本土中外合作办学机构也将得到更多优质生源,本土国际化将成为成为促进我国高等教育发展的新动能。例如,南方科技大学在疫情期间应友好合作高校委托,紧急启动 Global Embracement(国际融入)项目,招收了部分暂时不能返回美国各高校的留学生短期借读,还为自愿申请参加项目的友好高校学子提供秋季学期到南科大开展学习和科研的机会。[②]

除此之外,受疫情影响和欧美逆全球化思维冲击,国际高等教育既有秩序也正在面临着巨大挑战。我国作为高等教育国际化的重要参与者、推进者与受益者,在国家进一步深化改革开放的有力推动下,理应在当前成为进一步推动全球高等教育国际交流与合作的重要力量,并在此过程中携手世界一切健康与积极力量共同应对当今世界人类面临的挑战,积极参与构建新的高等教育国际合作

①   周岳峰编译.新冠肺炎疫情给高等教育国际化带来的影响[J].世界教育信息,2020(5):13-15.
②   资料来源:https://newshub.sustech.edu.cn/zh/html/202009/38633.html? from = groupmessage& isappinstalled=0

秩序,一方面为推动世界文明进步发展做出应有贡献,另一方面也为我国高等教育和经济社会等各领域发展源源不断注入新动能。

第五节　化风险为机遇的国际化
工作推进策略

国际化既是高等教育现代性的重要表现方式,也是在全球化背景下助力现代高等教育快速和高质量发展的重要力量。但是,在现代化的高等教育发展体系里,国际化会带来潜在风险。根据贝克的阐述可以归纳出,风险产生的主要原因源于生产力的副作用。社会生产力,尤其是现代科学技术在造福人类的同时,也带来了巨大的副作用,"在对现代化的反思之中,生产力丧失了其清白无辜"。① 但应对风险的策略并非是限制生产力,也并非是保守不前甚至退回到原始状态。在现代性所产生的风险面前,保守或者旧有的方法都已失效,唯有以更具有建构性的方法来正面应对风险。为此,贝克提出了应对现代性所带来风险的三个具体举措:① 在总体原则上,建构社会理性与科学理性相和谐、相共生的全面理性。② ② 在理论体系上,建构能为人们把握、应对风险提供知识支撑的全新社会理论。③ ③ 在主体作为上,建构以"社会理性拥护者"为基础的全球"亚政治",即"外在于并超越国家—政府政治体制的代表性制度的政治"。④ 也就是说,"原则拯救""理论建构"与"全球亚政治",是贝克应对风险社会的三个具体举措。⑤ 基于此理论框架,本文试图从如下三个维度提出当前我国面对疫情和逆全球化对高等教育国际化带来的挑战的应对方式。

一、坚持高等教育国际化价值理性与工具理性相统一的基本原则

贝克指出,"没有社会理性的科学理性是空洞的,但没有科学理性的社会理

---

① (德)乌尔里希·贝克.风险社会[M].何博闻译.南京:译林出版社,2004:6、30.
② 陈忠,黄承愈.风险社会:知识与实在——贝克"风险社会理论"的"知识问题"与"历史超越"[J].马克思主义研究,2006(7):92-97.
③ (德)乌尔里希·贝克.世界风险社会[M].吴英姿,孙淑敏译.南京:南京大学出版社,2004:3、50.
④ (德)乌尔里希·贝克.世界风险社会[M].吴英姿,孙淑敏译.南京:南京大学出版社,2004:3、50.
⑤ 陈忠,黄承愈.风险社会:知识与实在——贝克"风险社会理论"的"知识问题"与"历史超越"[J].马克思主义研究,2006(7):92-97.

性是盲目的"。① 所谓"科学理性"也即工具理性,所谓"社会理性"也即价值理性。工具理性和价值理性是进入现代社会以来,社会科学家们对现代工业社会之现代性带来的种种社会问题的反思后得出的一对核心概念。"工具理性"是法兰克福学派批判理论中的一个重要概念,其最直接、最重要的渊源是德国社会学家马克斯·韦伯所提出的"合理性"概念。韦伯将合理性分为两种,即价值(合)理性和工具(合)理性。② 工具理性指向事物的"实然"状态,指在剔除价值判断的基础上通过精确计算、手段选择、程序规制等,达成预期目标的实践能力。③ 价值理性指向事物的"应然"状态,是社会主体在理性认知和社会实践基础上塑造而成的、对价值目标和价值标准追求的自觉意识,也即社会主体有意识地坚信某些特定行为的——伦理的、审美的、宗教的或其他任何形式——自身价值,无关乎成功,纯由其信仰所决定其行动。④ 进入现代社会以来,现代科学技术的突飞猛进在给人类带来大量财富的同时也带来了潜在危机与伤害。因此,人类对工具理性有了深刻的批判与反思。在韦伯看来,追求工具理性的行动者始终关注行动所指向的手段和附带结果,并理性地衡量手段之于目的、目的之于附带结果手段的有效性、目标的达成度成为判断社会行动主要意义的尺度,这也为主体性因素的沦丧埋下了隐患。⑤ 一个社会只有在两者相互协调、相得益彰的情势下,才能健康有序运转。或者说,工具理性只有从属于价值理性,在价值理性所提供的目标和前提下发挥作用,才是积极的。⑥ 因此,实现工具理性与价值理性的弥合与相对统一成为现代社会规避社会风险的首要价值选择。

　　就高等教育国际化工作来说,工具理性就是作为办学主体在开展国际化办学工作时,在剔除其价值判断后,通过一系列精确的计算、手段与路径设计等达到预定的办学目标,具有功利性和追求效益最大化,现实性和实用性等特征。也就是说,在工具理性导向下,一国或地区高等教育国际化办学活动以单纯追求功利性目标为核心,追求诸如大学排名提升、办学质量提高、经济利益获取、留学生

① (德) 乌尔里希·贝克.风险社会[M].何博闻,译.南京:译林出版社,2004:6、30.
② 吴小爽.试论新公共管理的工具理性[J].辽宁广播电视大学学报,2010(2):107-108.
③ 孟宪斌.融合工具理性与价值理性:对地方政府绩效管理运行逻辑的反思[J].中国矿业大学学报(社会科学版),2020(4):77-89.
④ 孟宪斌.融合工具理性与价值理性:对地方政府绩效管理运行逻辑的反思[J].中国矿业大学学报(社会科学版),2020(4):77-89.
⑤ (德) 马克斯·韦伯.社会学的基本概念[M].顾忠华,译.桂林:广西师范大学出版社,2005:32、34.
⑥ (德) 马克斯·韦伯.社会学的基本概念[M].顾忠华,译.桂林:广西师范大学出版社,2005:32、34.

招生规模扩大、高水平师资获取等。与此相对的是高等教育国际化办学的价值理性,就是指办学者更注重国际化办学行为本身所能代表的价值,即国际化办学本身是否蕴含着某种价值追求,诸如实现社会公平、正义等,并且在此过程中不计较手段和后果,不看重行为的功利价值,是由办学主体自身的价值判断和立场所决定。也就是说,在价值理性指导下,一国或地区高等教育办学者会试图通过国际交流与合作实现某些价值追求,如世界和平、可持续发展、公平正义、消除南北差距以及不对等合作关系等。由此观之,两者都有各自合理性与立场,但作为办学者,若是坚守任一单方面的价值取向就会带来风险,比如坚守工具理性可能带来办学者主要关注手段的有效性和目标的达成程度,缺乏对国际交流与合作深层次价值的思考;国家区域间高等教育合作主要追求功利目标,在面临诸如疫情与逆全球化等不利因素冲击时,这种合作关系缺乏稳定性与持久性。此外,只强调工具理性的国际化办学还可能在合作过程中带来过于短视的办学目标或零散化的实现手段,缺乏系统性思考与设计。办学者单方面坚守价值理性虽然有其合理性,比如把追求公平正义的公共福祉、公共精神、公共道德作为其国际化办学的核心目标,但同样也存在问题,比如办学者不注重办学手段的精致性或者说经济性,也不计较国际化办学会带来的功利性目标,不考虑国际化办学的绩效问题等。因此,办学者刻板地坚守价值理性对于当前这种讲求高效率的时代来说,虽然充满理想主义色彩,但却很难得到现实社会,无论是政府还是社会的持续性支持。因此,实现工具理性与价值理性的弥合与对立统一,才是当前高等教育国际化办学价值取向的唯一出路。具体来说,办学主体一方面需要在制定国际化办学战略及开展相关合作项目过程中,积极探寻该项目本身的价值,并以此价值理念作为遴选合作伙伴和制定合作方式的基本前提。诸如通过国际合作解决人类共同面临的问题,维护世界和平、开放与包容的大环境,共同应对单边主义与霸权主义,积极应对疫情以及逆全球化等不利因素。另一方面,办学主体需要在此价值理性引领下,结合我国具体国情,不断创新和完善国际交流与合作的模式与手段,注重合作手段的科学性和经济性,还要考量合作的经济效益与社会效益,以此达到工具理性上的统一。总之,新时期我国高等教育国际合作要坚持价值理性与工具理想相统一的基本原则,以价值理性彰显我国作为世界大国开展国际教育交流与合作的担当精神与使命,并在此过程中寻求更多价值共鸣与支持,同时不失工具理性,以更高效率的手段和方法提高国际交流与合作的效益。事实上，只有价值理性与工具理性相互渗透、相互补充，才能共同构成社会行动的评价标准。①

二、基于"人类命运共同体"理念主动创新高等教育国际化基础理论

我国缺乏社会科学理论创新的勇气和自信，这在高等教育国际化研究领域尤其明显。长期以来，我国关于高等教育国际化的理论几乎都是舶来品，鲜有本土性的理论建构。但中国高等教育改革与发展需要具有本土关怀的理论指导和理论解释，从而摆脱"实践走在理论前面""实践缺少理论指导""西方理论解释中国实践"等多重困境。② 习近平总书记在庆祝中国共产党成立 95 周年大会上明确提出：中国共产党人"坚持不忘初心、继续前进，就要坚持中国特色社会主义道路自信、理论自信、制度自信、文化自信。"对于我国高等教育发展来说，相关主体也要坚持理论自信，在新的发展背景下以创新理论指导新的实践、应对新的挑战。在高等教育国际化理论领域，西方理论界提出了高等教育国际化动因理论，其中，加拿大学者简·奈特(Jane Knight)所提出的理论具有代表性。简·奈特认为："动因是指一个国家、部门或高等院校对国际化进行投资的驱动力，反映在政策制定、国际交流项目开发和项目实施等层面，支配着人们对国际化带来的利益或成效的期望。"③基于此，她总结了两个层面的国际化动因理论：一是国家层面。包括人力资源发展、战略联盟、创收/商业贸易、国家建设/院校建设、社会/文化的发展与相互理解；二是高等院校层面。包括国际形象与声誉、质量提高/国际标准、经济创收、学生和教职工的发展、战略联盟、科研与知识产品。④由于动机与办学行为及预定目标具有必然因果联系，所以世界范围内各国家和地区高等教育主体在开展国际交流与合作时，其理念、策略、实现手段以及目标制定等都会围绕这些动因要素展开，对于高等教育国际化工作具有提领性作用。从简·奈特的动因理论看，显示出了典型的工具主义价值取向，其在国家层面仅"社会/文化的发展与相互理解"一点体现出一定程度的价值理性价值取向，而院

---

① 张康之.公共行政：超越工具理性[J].浙江社会科学，2002(4)：3-8.
② 解德渤.中国特色高等教育学理论体系何以构建——基于学科隐喻的视角[J].高等教育研究，2020 (7)：49-57.
③ KNIGHT J. Internationalization of Higher Education：New Directions, New Challenges[M].Paris：International Association of Universities，2006：16-20.
④ KNIGHT J. Internationalization of Higher Education：New Directions, New Challenges[M].Paris：International Association of Universities，2006：16-20.

校层面则均体现出了强烈的工具价值取向,整体而言有强烈的工具主义价值取向。因此,站在当前的疫情及逆全球化时代背景下,我国亟待发展既有国际化理论,以新的发展理论应对挑战。

"人类命运共同体"理念是习近平新时代中国特色社会主义思想的核心内容之一。2012 年,党的十八大报告明确提出"要倡导人类命运共同体意识,在追求本国利益时兼顾他国合理关切"。2019 年 10 月,中国共产党十九届四中全会提出,"坚持和完善独立自主的和平外交政策,推动构建人类命运共同体。""人类命运共同体"是由中国共产党在 21 世纪初首先提出、倡导并推动的一种具有社会主义性质的国际主义价值理念和具体实践。它强调在多样化社会制度总体和平并存,各国之间仍然存在利益竞争和观念冲突的现代国际体系格局中,每一个国家在追求本国利益时兼顾他国合理关切,在谋求本国发展中促进各国共同发展,其核心理念是和平、发展、合作、共赢,其理论原则是新型义利观,其建构方式是结伴而不结盟,其实践归宿是增进世界人民的共同利益、整体利益和长远利益。① 以"人类命运共同体"引领高等教育国际合作,需要超越以"民族国家利益"界定的国际合作目标,保障平等地位和自主性,承认和尊重差异,消解国际合作中的"中心—边缘"结构。② 因此,在人类命运共同体理念统领下,新时期高等教育国际化的动因理论需实现新的建构和延展。具体来说包括国家和院校两个维度的多方面要素:在国家层面,包括增进理解与尊重差异、消除不平等地位、文化与政治交流与理解、国家经济社会发展进步、高等教育国际竞争力增强。在院校层面,包括使命担当与世界贡献、院校质量与声誉提升、教师发展与学生进步、经济与社会效益。在"人类命运共同体"理念指引下,本研究所提出的新型高等教育国际化动因坚持了价值理性与工具理性相统一的基本原则,将有力消解当前在国际交流与合作中存在的问题,像是过度注重经济效益而造成国际交流与合作的短视性目标以及缺乏深层次的价值与理念认同等。事实上,近年来我国高校在与"一带一路"沿线国家等开展高等教育合作时,就强调通过合作与交流增进友谊和民心相通,并积极服务于国家发展宏观战略。与此同时,新型动因的提出也打开了国际化工作的新发展局面,避免了过度依赖欧美的现状,有效降

---

① 李爱敏."人类命运共同体":理论本质、基本内涵与中国特色[J].中共福建省委党校学报,2016(2):96-102.

② 周佳宇,马佳妮.人类命运共同体:高等教育国际合作的价值坐标[J].教育研究,2017(12):42-50+67.

低了风险。

三、构建统领高等教育国际化工作的亚政治全球性制度及治理体系

贝克认为："为了说明世界风险'社会'，有必要行动起来，促进形成应对全球风险的'国际制度'。"①而在促进应对全球风险的"国际制度"形成中，贝克进一步强调"亚政治"概念。所谓"亚政治"是指一些组织存在于政治体系之外，但它们的行为却能够给政治体系带来巨大的压力，且他们的决策会影响某一广大人群的生活态度、条件和状况。因此，亚政治是现代国家政治的孪生物，是一种社会政治，是一种自下而上的政治，而国家政治则是一种自上而下的政治。亚政治是由一定阶段的社会问题驱动的，不同时期的社会问题差异最终会反映到亚政治上来。② 由此，办学主体在国家区域间开展高等教育国际交流与合作过程中，除了政府间正式的外交政治活动能够对其产生作用外，自下而上形成的亚政治也正在担任着越来越重要的角色。简言之，所谓高等教育国际化的亚政治，即在规定和维护全球不同国家区域间交流与合作有序进行的过程中，存在于国家正式的政治秩序之外，对国家调整高等教育相关制度、政策造成某种压力，能够积极影响各国家和地区高等教育办学者关于国际化的态度、具体行动的政治体系或制度。在高等教育国际交流与合作中，亚政治主要表现在通过交流与合作而不断形成的全球性高等教育治理体系、合作基本原则与广为认可的高等教育质量标准等。在越来越复杂的高等教育国际合作背景下，相对于国家层面的外交政治，这种自下而上形成的亚政治对于维护有序的国际交流与合作过程，以及消除潜在风险有着积极的不可替代的价值。

为此，在应对新时期疫情和逆全球化带来的风险和挑战时，我国要积极参与构建统领高等教育国际化工作的亚政治全球性制度及治理体系。具体来说，可以从以下几个方面做出探索和努力：首先，积极建构以高等教育国际化办学"社会理性拥护者"为基础的全球高等教育治理亚政治。前文分析到，消解当前高等教育国际化风险和应对挑战的必要方式之一就是要坚持国际化办学价值理性与工具理性相统一的基本原则，以此淡化和消除过于功利的价值取向，增进不同国家区域间开展高等教育国际合作的互信和持久价值动力，并以此作为解决国际

① 李惠斌主编.全球化与公民社会[M].桂林：广西师范大学出版社,2003：300、296.
② 李瑞昌."亚政治"与"新社会运动"[J].复旦学报(社会科学版),2006(6)：118-124.

争端和分歧的重要力量。所以,在构建高等教育国际亚政治过程中,首要的任务就是积极号召并团结更多高等教育国际化"社会理性拥护者"参与其中,以此汇聚更多健康和积极力量。其次,积极构建由全球高等教育国际化"社会理性拥护者"共同参与和认同的国家高等教育治理体系。比如建立国际广泛认可的高等教育质量标准及其认定程序,建立国际广泛认可的高等教育合作与交流的基本原则及争端解决机制,建立国际广泛认可的高等教育交流与合作的重点内容与方向,构建具有广纳性与包容性的国际高等教育交流与合作的合作体系等。作为最大的发展中国家,中国积极参与国际教育规则的制定,有利于传播中国优秀的教育经验,扩大中国在国际社会的影响力并推动国内教育改革与发展。① 最后,积极参与建设新型国际高等教育合作组织。多利益主体参与且目标多元的复杂客体的有效推动离不开一些政治组织的协调与组织,高等教育国际化的有序发展同样也离不开国际组织的建设。在新发展背景下,我国要积极参与并推进具有新时代特征的国际高等教育交流与合作组织的建设。这些组织需由高等教育国际化"社会理性拥护者"在自愿、平等、相互理解和包容的前提下共同建设,就一些共同面临的问题展开广泛的讨论与合作,并在此过程中积极发挥调解矛盾,制定有序合作制度与维护正常合作秩序的作用。近年来,随我国持续推进"一带一路"国际合作倡议,高等教育的国际合作组织也在此过程中陆续被建立了起来,"'一带一路'高校战略联盟"的成立就是典型案例。该联盟是由"一带一路"沿线国家和地区中有合作意向并愿意加盟的大学,以及域外有意愿加盟的大学组建的非法人团体组成,以"构建'一带一路'高等教育共同体,推进沿线区域开放发展"为主题,推动"一带一路"沿线国家和地区的大学之间在教育、科技、文化等领域的全面交流与合作。② 总之,在应对疫情和逆全球化的巨大挑战的时代背景下,我国要与全世界范围内所有维护和支持国际高等教育交流与合作的健康力量携手共进,在新的国际合作理念支撑下,构建起国际高等教育合作与交流新秩序。

当今世界正在经历百年未有之大变局,我国发展的内部条件和外部环境也

---

① 娜迪拉·阿不拉江,段世飞.全球教育治理视域下我国参与国际教育规则制定的困境与突围[J].重庆高教研究,2020(4):111-119.
② 资料来源:https://www.sohu.com/a/282569889_763433

正在发生深刻复杂变化。受新冠疫情和欧美逆全球化势力的双重冲击，我国高等教育国际化事业正面临着严峻挑战。面对挑战，我们唯有以更宏观和高远的战略与理论视野，冷静分析我国高等教育国际化将会面临的挑战，明晰隐藏的机遇以及提出有效应对的战略与理论策略。风险和危机均存在着机遇和挑战。国际化是高等教育在全球化时代下现代性的必然表现，所以也必然面临着不断变化的形势带来的风险，但只要我们坚持正确的理论分析方法，以更高远的战略格局沉着应对，保持战略定力，就一定能化危为机，助力我国高等教育事业行稳致远，保证我国社会主义现代化建设事业不断稳步发展。当然，本研究仅从较为宏观的战略与理论格局来讨论当前我国高等教育国际化面临的挑战、机遇及对策，各办学主体及相关政府主管部门还需要结合自身实际情况，有的放矢地、灵活地在本文所提出的大框架下制定具体策略，来应对当前的挑战。

第八章
境外优质高等教育资源引进风险概述

题记： 党的十九届五中全会对防范化解重大风险提出明确要求："防范化解重大风险体制机制不断健全，突发公共事件应急能力显著增强，自然灾害防御水平明显提升，发展安全保障更加有力。面对各种风险挑战，必须具有全面的监测预警、果断的决策指挥、协调的组织行动、广泛的社会动员、充分的应对措施，才能有效提升处置各类突发事件的能力和水平。新中国成立以来特别是改革开放以来，我们党高度重视风险防范化解工作，我国应急管理体制机制不断健全。"对于境外优质高等教育的引进来说，在复杂的国际国内环境下，就要面临风险加剧的现状。为此，基于当前国际国内形势以及世界高等教育发展的现状，我们可以概括性地描述当前境外优质高等教育引进的风险状况。

全球化深化发展的时代背景下，高等教育国际间的竞争也日趋白热化。这种竞争加速了各国高等教育的发展和变革进程，给世界范围内高等教育发展带来不确定性，加大了高等教育发展的风险因素。对这些竞争要素和状态的准确把握，是我们开展风险控制的基本前提。

第一节　全球化背景下高等教育
日益激烈的国际竞争

近年来，受新冠肺炎疫情以及欧美逆全球化势力的影响，全球化进程的推进遭遇了一定挫折，但从整体上看全球化依然是人类社会不可逆的大趋势。尤其在现代通信以及交通技术的催生下，人类新型的生产、生活与交往方式会更有利于全球化的推进。随 5G 等技术的成熟,高等教育的国际交流与合作也上升到了一个新的层次和水平。但与此同时,在当前复杂多变的国际局势下,高等教育作为推动国家发展的重要力量,国际间高等教育的竞争也日益激烈。这主要体现在如下几个方面:

首先,当代世界高等教育所处社会环境处于高度竞争和动态化之中。与传统的农业和工业社会不同的是,在以互联网为支撑和世界经济一体化进程加速发展的现代背景下,当代社会环境处于一种不稳定、复杂多变的状态,主要体现为国家或区域间的联系日渐紧密且竞争日趋激烈、人类生产生活方式和经济发展模式革新速度快、科学技术创新周期不断缩短等。比如,以人工智能以及量子通信等为代表的现代科学技术正在深刻地改变着人类的思维、生产和生活方式。这一状态反映到高等教育之中时,高等教育的办学理念、人才培养模式等均在发生着颠覆性和革命性的改变,而只有那些能够时刻把握时代发展脉搏的大学,才能够在这样急剧变革的时代抢得发展的先机。比如 2015 年以来具有知识创新领袖地位的斯坦福大学(Stanford University)不甘维持现状,率先挑战大学人才培养模式的传统,启动以"开环大学"取代"闭环大学"的《斯坦福大学 2025 年计划》(Stanford 2025),从而引领了新一代的世界高等教育改革。这一变革一方面对接受高等教育的学生、学制、学习方式等进行重新规定,另一方面提出对人才培养模式具有创造性的创新人才培养目标的多个举措,如自定节奏的教育、轴翻转、有使命的学习等。[1] 由此观之,在当今这样一个竞争高度动态化的时代背景下,高等教育也同样需要做出颠覆性的变革,才能适应时代发展的需要。

当代社会是一个有机联系的大系统,高校作为其中一种社会组织,所呈现的组织特征和行为受整个社会系统的影响。在动态化的社会环境中,影响一国或区域高等教育发展的核心要素是跨国、跨区域间的流动日益便利和频繁。比如,留学生的跨国流动规模日趋扩大,根据世界经济合作与发展组织的统计,全球高等教育阶段留学生人数从 2000 年的 200 余万增长到 2012 年的 450 余万。[2] 在此背景下,各国家与地区都在实施不同程度的高等教育改革创新,持续不断地推进高等教育的发展进步,以适应动态化的社会环境。与此同时,在动态化的时代

---

[1]　项璐,眭依凡.培养目标:人才培养模式改革的价值引领——基于斯坦福大学"开环大学"计划的启示[J].现代大学教育,2018(4):103-111.
[2]　世界经济合作与发展组织统计数据[EB/OL].[2017/03/02]. http://stats. oecd. org/Index. aspx.

发展背景下,高等教育的国际竞争也必然日益激烈,尤其是近年来世界各大高校在国际优质高等教育资源,例如生源、师资以及办学项目等的竞争,因此充满着风险与挑战。

其次,当代世界高等教育的竞争逐渐上升为国家之间的战略竞争。 在日趋激烈的国际竞争大背景下,高等教育逐渐成为国家之间战略竞争的重要砝码与手段。比如近年来中美在国际贸易领域的争端演变为国家之间的全面竞争,在此过程中,美国利用其高等教育的优势对我国施压,例如在一些高科技领域的人才培养和科技项目上对我国实施封锁,已对我国高等教育的发展造成了实质性的影响。除此之外美国还对中国采取了一些高科技和军工领域的封锁政策。比如,自2020年以来,美国采取了限制中国学术发展的"三步走"战略。第一步:5月23日,哈尔滨工业大学和哈尔滨工程大学等13所国内高校被列入"实体名单",这些单位将在没有得到美国政府批准的情况下禁止使用含有美国技术的产品,将被禁止未经美国政府批准从美国购买零部件。第二步:5月29日,美国总统特朗普签署了一份行政文件,限制部分中国赴美留学生或访问学者的签证。第三步:6月上旬,美国再次禁止哈尔滨工业大学、哈尔滨工程大学等高校使用工科学生必备数学软件MATLAB。MATLAB是由美国The MathWorks公司出品的商业数学软件,目前世界上有180多个国家的超过三百万名工程师和科学家正在使用,对于学术交流和科研来说非常重要。由此可见,高等教育已经成为中美之间战略博弈的重要手段。在此背景下,中美在高等教育领域合作的风险与挑战大大增加。笔者在对某高校分管国际交流与合作的领导访谈时,他曾谈到:"当前中美之间日益紧张的局势和加剧的国家竞争已经严重影响到了高校之间的正常交流。比如我校曾经和美国某顶尖大学工科专业谈好合作,后来因为美国政府的干涉而不得不暂时中止。与此同时,我校目前与美国签订的一些合作协议也因为一些外部因素而得不到落实。可以说,当前复杂的国际局势极大增加了我们开展对外合作与交流的复杂性和风险。"

最后,当代世界高等教育的竞争动力呈现出动态化特征。 当今世界高等教育之间的竞争不再局限于高校之间综合办学硬实力的竞争,还体现在办学声誉、办学模式和办学理念等方面,且某国高等教育在某方面所具备的竞争优势往往能演化成全面的竞争力,比如德国因发展了高等教育的办学模式而成为世界高等教育的领导者。德国教育家洪堡发展了现代大学的科学研究职能,让德国在很长一段时期内成为世界高等教育的中心,奠定了德国科学和技术的全面振兴。追求更高的学术水平是大学最为基础的价值,洪堡将这一主张很好地融入了柏林大学的教学实践当中,开创了"研究型大学"的新纪元。洪堡在《论柏林高等学术机构的内部和外部组织》强调,大学"存在的最根本的原则是:在最广泛和最深入的意义上培养科学,并服务于本民族的精神教育和道德教育。"①所以,大学不仅仅要开展纯教学活动,还要将知识创新纳入大学的核心职能之中,这使德国一跃成为世界高等教育和科学中心。在现代交通工具和现代通信技术的支持下,高校之间的竞争早已不局限于一国或区域之内,并逐步从单一的综合排名向多维度、多层次转变。在这种动态的全方位的竞争中,高校在办学声誉、人才培养质量、科研实力等一个或多个方面的竞争优势越来越容易实现跨维度和跨区域的转移,进而形成全方位的竞争优势,例如麻省理工学院因为在工科人才培养和研究方面的独特优势而收获了全球性声誉和竞争力。此外,在信息交流越来越畅通的背景下,高校的竞争优势越来越容易被竞争对手所了解、模仿甚至超越。总的来说,多方面的因素共同造成了当前高校之间竞争互动的动态化特征。②

第二节　不对等的高等教育发展地位

当今世界高等教育正处于高度不平等的发展状态,从优质高等教育资源存量看,西欧以及北美依然处于领先地位。近年来,我国高等教育在"双一流"建设工程等项目和政策的大力牵引下得到了突飞猛进的进步和发展,尤其是在一些显性数据(如科研论文等)上与欧美等发达国家的差距不断缩小,甚至有些数据还处于领先地位。但从整个世界高等教育发展格局来看,西方尤其是美国依然处于世界领先地位,美国高等教育无论是在办学规模,办学质量,对世界高等教育的体系的影响力和控制力等方面处于领导地位。因此,我国在与欧美等高等教育发达国家开展高等教育合作的过程中仍旧处于不对等的地位,这种不对等的地位同样可能为合作带来风险。总的来说,主要体现在如下几个方面:

第一,不对等的高等教育地位导致不对等的合作关系,使中方失去控制力。这

---

① （德）威廉·冯·洪堡. 论国家的作用[M].北京：中国社会科学出版社,1998.
② 宋永华,伍宸,朱雪莉. 世界一流大学建设战略规划制定：英美顶尖大学的经验和启示[J].高等教育研究,2017(10)：100－109.

也是当前我国在引进境外优质高等教育资源过程中常见的问题之一。在不对等的发展地位下,合作过程中往往也会呈现出不对等的合作关系,导致中方对办学机构的控制力被削弱。这主要体现在对办学机构实质性的管理权,对人才培养体系的主导权,对教职员工的聘任和考核权,对办学过程中出现的学术不端行为的认定和裁定权等等。在笔者对某办学机构负责人的访谈中,他就提及:"由于外方办学机构整体来说其办学实力要强于我们不少,因此在合作办学过程中外方机构常常处于主导地位,尤其是在一些管理体系的设定方面外方办学机构处于较为强势的地位。"因此,在实践办学过程中,不对等的高等教育地位就容易形成不对等的合作关系,最终对办学活动失去控制力,这也是在引进境外优质高等教育资源过程中容易产生风险的重要原因之一。

第二,不对等的高等教育地位导致合作成本过高。与普通办学机构不同,通过引进境外优质高等教育资源而开展的联合办学活动往往有较高的成本。这些成本主要由如下一些内容构成:一是引进境外优质高等教育机构或相关资源所需提供的赞助费(这笔费用一般会根据引进对象的学术水平和学术影响力而确定,学术影响力越高则越高,反之亦然);二是外方管理人员和教师的薪酬及保险、国内外来往交通费、签证费、住宿费和医疗费等等;三是中方管理人员及教师的薪酬等费用;四是中方管理的日常费用;五是教育教学场地,校舍及教学仪器设备的费用;六是学生的奖助学金等费用。这些实践办学过程中的额外成本使中外合作办学机构办学成本往往要比普通办学机构高出很多,对学生收取的费用也更高。由于学费比普通专业更高,所以往往在同批次招生时拥有相对低的分数线,使生源质量有所降低。

从客观实际来看,当前我国与世界高等教育先进国家相比依然还存在着一定的差距,所以还需要加大对境外优质高等教育资源的引进力度,以提升我国高等教育的整体办学实力和国际竞争力。在复杂多变且充满挑战的国际局势下,境外优质高等教育资源的引进同样也充满了不同的风险。从宏观视角上看,主要就表现在当前国家间日益激烈的高等教育竞争,高等教育的主权属性以及不平等的世界高等教育发展格局。为此,我们需要更进一步地审视境外优质高等教育资源引进的风险及其表征,但越是在这样的大背景下,我们越需要坚持以更开放和包容的态度开展高等教育国际合作。

第九章
境外优质高等教育资源引进风险表征

　　题记：在全球化及高等教育国际化深化发展背景下，高等教育要素资源的跨国或境流动与配置已成常态。一方面，高等教育发达国家或地区通过教育贸易出口获得经济效益和继续保持在全球范围内的影响力与核心竞争力；另一方面，高等教育欠发达国家或地区也充分利用这一战略机遇，不断引进境外优质高等教育资源来提升自身办学质量。在复杂的国际教育贸易市场里，优质高等教育资源的引进正如一枚硬币的两个面，既有利好的一面，也存在较大的风险。在我国全面推进高等教育强国建设进程中，在全球贸易保护主义有所抬头和中美贸易争端愈演愈烈的时代背景下，我们需要进一步强化对境外优质高等教育资源的引进力度，同时注意防控引进过程中的风险，降低引进的成本以达到提高引进效益的最终目的。

　　风险源于事物的不确定性，是一种损失或获益的机会。[①] 在高等教育相关要素资源作为一种贸易产品在全球范围内的流动与配置的过程中，就会因为贸易环境的变化而产生不确定性，这种不确定性既可能带来损失，也可能带来收益。与此同时，境外优质高等教育资源既会产生普通贸易产品所具备的一般性风险，也会有因为教育产品本身固有的特点产生的教育性风险。因此，作为高等教育发展中国家，我国在引进境外优质高等教育资源过程中，就需要明确其风险的一般性与教育性表征。风险的一般性表征就是高等教育相关资源作为一种国际贸易产品在一般性商品贸易中所呈现出的风险状态。教育性表征即区别于其

---

① 吴腾华，吕福来.现代金融风险管理[M].北京：中国经济出版社，1999：1.

他普通商品,教育要素资源所具备的特殊性风险状态。

第一节 一般性风险表征

根据世界贸易组织(World Trade Organization,WTO)的相关内容,教育服务是服务贸易的重要领域。除了由各国政府全部资助的教育教学活动(如军事、警察教育等)以外,凡收取学费、带有商业性质的教学活动均属教育服务贸易范畴。按照《服务贸易总协定》(General Agreement on Trade in Service,GATS)对服务贸易所下的定义,高等教育贸易可以通过以下四种方式进行:第一,跨境交付,即从一成员方境内向另一成员方境内提供服务,如远程教育、函授教育;第二,境外消费,即一成员方的消费者到另一成员方境内消费服务,如出境留学、教育考察和学术访问等;第三,商业存在,即一成员方的服务提供者在其他成员方境内通过商业存在提供服务,如国外办学机构在我国境内合作创办高等教育机构;第四,自然人流动,指一成员方的自然人在其他成员方境内提供服务,如外国专家来华任教和我国专家学者到外国任教。[①] 因此,作为国际贸易的重要组成部分,高等教育国际贸易既要遵循国际贸易相关准则和规定,同样也要面对在贸易过程中产生相应的风险。就国际贸易常规的一般性风险看,主要有如下几个表现形式:

一、国家性风险

国家性风险指东道国的政治、社会和宏观经济环境发生不可预测的变化和调整,给外贸企业的经营活动带来影响、制约及造成损失的可能性。[②] 近年来,随国际局势变得复杂多变,国家性风险大增。相对于其他类型的风险,国家性风险具有损失范围广、涉及金额大、表现形式多样、准确预测困难等特点。与此同时,国家性风险的成因也非常复杂,主要包括政治环境、经济环境和对外关系三个方面的成因。就政治环境来说,主要是指一国是否有稳定的政治环境,是否存在政治动乱等重大政治风险,以及西方民主制度下不同政治派别掌权后是否会出现政策大转向和大调整等等。就经济环境来说,主要是指在一定时期内国际

---

① 莫纪平.加入 WTO 与我国高等教育贸易发展对策[J].教育探索,2002(3):23-25.
② 黄荣文.国际贸易风险研究[D].福建师范大学,2002:33.

是否会发生重大的金融风暴以及衰退等,比如 2008 年美国次贷危机的突然爆发,以及近年来在全球蔓延的新冠肺炎疫情等,都对国际教育交流与合作产生了重大的影响。就对外关系来说,则是指在一定时期内国际关系是否会发生重大改变而导致一些合作项目受到影响,比如近年来中美之间外交环境的不断恶化,就导致了双方在高等教育领域的合作遭受到了很大的打击。

前文提到,国家性风险在国际贸易中属于不可控且难以预测的风险,一旦发生后会对相关贸易活动造成难以挽回的损失。因此,各国在国际贸易中都将国家性风险作为严密监控的对象。监控手段包括,对相关国家的政治环境有较为全面的评估,对其政治模式有较为全面的了解,对现行执政者的政治倾向与执政能力有较为准确的把握和分析等。在国际贸易实践中,应对国家性风险的基本措施是在进入该国开展贸易活动之前对其国家性风险的大小进行测试,包括测试该国的政体是否稳定,国民的政治态度和倾向,现行领导者的威望和持续执政的能力,国家的政府实力及思想体系,历史上发生政变的记录及影响面、持续时间,有竞争力的政治团体的实力和政治目标,政治、社会、民族矛盾和其他冲突,与邻国的关系,是否存在领土争端和其他悬而未决的国际问题,加入了什么国际组织和国家组织等等。通过对拟进入国的国家性风险水平进行评估,可得出其风险高、风险中或风险低的评价结论,以决定是否进入该市场。① 就高等教育领域的国际贸易和合作来说,相关主体同样需要充分考虑和评估合作对象所在国家的状况,以在最大程度减少国际高等教育合作的风险,避免损失。

例如 2013 年韩国举行总统大选,朴槿惠当选。其当选后对韩国高等教育,尤其是对一些重点高校的人事安排产生了重大影响。比如韩国科学技术学院在朴槿惠上任后就进行了一次从上到下的人事大洗牌,校长、院长等都有了巨大的变动。在此过程中,该校与我国某校的合作谈判不得不重新开始,之前长达一年半的谈判中所耗的各种人力物力投入均付之东流。后来,学校进一步与该校新任领导班子展开积极的谈判工作,并通过后续的一些补救性措施来弥补损失,最终还是取得了较好的合作成效。

总之,在当前复杂多变的国际局势下,国家性风险已成为国际间高等教育合作与交流的主要威胁之一。尤其是以美国为首的西方高等教育发达国家不断加

---

① 黄荣文.国际贸易风险研究[D].福建师范大学,2002:34.

强对发展中国家高科技领域的技术封锁,同时限制在某些特殊敏感领域的高等教育合作,这无疑给当前我国开展境外优质高等教育资源的引进工作造成了较大的阻碍,也带来了巨大的潜在风险。为降低国家性风险对境外优质高等教育资源引进造成的损失,我们需要以更审慎态度和系统的方法做好相关工作。具体来说在实践办学上可以从以下几个方面做出努力:首先,需要进一步对当前世界高等教育国际局势做出精准研判,尤其要强化对世界高等教育国际化发展趋势的准确判断。有研究者提出,后疫情时期,全球高等教育国际化发展包含四大新常态,即传统高等教育强国式微,后发国家入局国际化竞争成为新常态;保守势力抬头,区域国际化、在地国际化等模式创新成为新常态;国际化泡沫破裂,数字国际化等技术创新成为新常态;"西方化""美国化""英语化"松动,多极化发展成为新常态。[①] 由此,基于这样的高等教育国际发展趋势,我国也要顺势而为,采取相应的国际高等教育合作与交流策略,比如在选取国际合作对象上改变过去仅仅依赖于欧美的做法,更多向一些高等教育发展新兴国家倾斜;采取更为灵活多变的境外优质高等教育资源引进模式,充分利用现代数字媒介的技术以降低引进成本等。其次,需要进一步强化世界高等教育国际合作新秩序的建设。高等教育从属于国家政治,但与此同时又有一定的独立性空间。比如美国政府今年发起的一系列逆全球化行为,就遭到了美国一些大学的强烈抵制。在此背景下,为了降低高等教育国际合作与交流的国家性风险,相关主体需要加强国际高等教育合作新秩序的建设,比如进一步发挥高等教育的民间交流作用,形成高校间互相信任和健康的合作关系,充分发挥国际高等教育组织的缓冲和纽带作用等。最后,要进一步优化我国高等教育国际合作环境。高等教育的国际交流与合作要健康有序推进,良好的国际环境不可或缺。在当前复杂多变的国际局势下,我国更要坚定走积极开放的国际化办学之路,一方面进一步巩固与欧美等发达国家的高等教育合作关系,另一方面也积极拓展与亚非拉等国家或地区在一些特色高等教育资源上的高等教育合作。

二、市场性风险

从经济学的角度来讲,市场风险主要是指因股票价格、利率、汇率等因素发

---

① 刘进,林松月,高媛. 后疫情时期高等教育国际化新常态——基于对菲利普·阿特巴赫等21位学者的深度访谈[J].教育研究,2021(10):112-121.

生变换,从而引起的货物的价值出现偏差而导致的风险,市场风险表现为权益风险、汇率风险、利率风险以及商品风险等形式。国际贸易作为其中一种经济形式,同样也要面临各种市场风险,只是国际贸易因为自身与众不同的特点,其风险的表现形式也有所不同。因此,如何确定和防范国际贸易的市场风险就成为国际贸易健康有序发展的关键性一环。国际贸易的市场性风险主要表现在汇率风险、政策风险、金融风险与合同风险这四个方面。所谓汇率风险,是指因为汇率的变化给国际贸易带来的风险。在商品的出口价格不变的情况下,如果汇率上升,虽然企业的实际收入是增加的,但实际上会使得本国商品相对于外国商品的价格偏高,这在一定程度上将降低本国商品在国际市场上的竞争力,从而会抑制本国国际贸易出口量的增加,最终导致从事国际贸易的企业的产品销量下降,利润降低。所以,只要汇率发生波动,就有可能给外贸企业带来风险。其次,政策风险就是指各个国家在政策制定和调整时导致企业在国际贸易的过程中受到的影响,例如导致企业亏损的风险。其三,金融风险是指股票、债券、信贷、支付方式等方面的风险。随着"互联网＋"和金融创新业务的发展,国际贸易面临着更多的金融风险,不管是来自证券市场的、债券市场的,还是与支付方式相关的银行信用方面的风险皆层出不穷。最后,合同风险是指买卖双方因为各种原因导致的无法正常履行合同的风险。在多变的世界环境下,竞争手段的多样化,各国政策的多变化,以及国际贸易线长面广的特点,正在导致国际贸易的合同风险日趋严重。

市场性风险在国际商品贸易中是较为常见的风险类型,在国际贸易中也有非常系统的防范体系,比如采取多种金融手段规避市场性风险以及降低损失等。高校作为法人办学主体,自然也需要在境外高等教育资源的引进过程中以系统的方法规避市场性风险带来的损失。从宏观视角上看,为降低市场性风险,我国在开展境外优质高等教育资源引进时可以从如下几个方面做出努力:首先,作为引进主体的高校要熟悉国际贸易规则,尤其要组建由熟悉金融、财会以及国际汇率等方面知识的专业人员组成的团队,在价格谈判、汇率以及金融等方面的风险控制上积极发挥专业性作用。其次,在引进境外优质高等教育资源时,要尽量降低引进成本,尤其要减少直接的外汇支出以及办学赞助费支出,尽量利用合作办学所产生的办学效益来支付外方的相关费用。最后,进一步强化对国际金融及经济趋势的研究和判断,尤其要加强对国际高等教育贸易市场的研究与分析,尽量选择性价比高、市场性风险小的国家或地区高校作为合作对象。

三、欺诈性风险

欺诈性风险是指由人为欺诈所导致的国际贸易风险,例如贸易合同的欺诈等。[①] 在国际贸易活动中,正因为国际贸易合同的重要性和严肃性,以及合同的磋商和签订过程的复杂性,很多国际贸易欺诈活动就是利用合同作为媒介进行的,所以国际贸易迅猛增长的同时也伴随着国际贸易欺诈的剧增。

从高等教育视角看,在引进境外优质高等教育资源的过程中同样可能面对欺诈性风险,这主要有以下几个方面的可能性:一是引进不具备办学资质的办学机构,也就是俗称的"野鸡大学"。在引进境外优质高等教育资源过程中,由于对外方机构办学资质等要素的审查不严格,导致一些不具有办学资质的"野鸡大学"登堂入室,成为中外合作办学机构,进而造成极大的损失。二是在引进过程中由于对合同细节的磋商不够细致,进而导致在学位授予、课程设置、师资引进等方面存在问题,从而导致欺诈性风险。三是双方在谈判过程中缺乏了解和诚意而导致互相欠缺信任,在合同中出现一些欺诈性条款等。整体来说,相对于商业性的国际贸易,高等教育相关主体在开展国际交流与合作过程中遭遇欺诈性风险的概率还是相对较低的,所带来的风险损失也并不多。但在复杂多变的国际形势下,在我国越来越需要加强国际高等教育合作的大背景下,我们同样需要更进一步强化对欺诈性风险的防控意识与能力。具体来说,可通过建立起境外优质高等教育引进的分布地图与清单,然后根据世界各国高等教育的分布情况,优先选择那些信誉良好、质量上乘的高校作为重点引进对象,在源头上杜绝质量低下、信誉不良或存在欺诈行为的合作对象。其次,加强合同管理的专业性,在开展境外优质高等教育资源引进活动时,要在充分谈判和沟通的前提下拟定相应合同,并聘请国内外相关法律专家对合同进行合法性审查和风险评估。最后,要建立起信誉不良境外办学主体的黑名单制度,将那些经常性存在欺诈行为的办学主体列入黑名单,可供国内高校在引进时予以重点关注。

总之,在当前我国开展的境外优质高等教育资源引进国际贸易活动中,存在前述的国家性风险、市场性风险和欺诈性风险等。其中国家性风险对高等教育

---

① 黄荣文.国际贸易风险研究[D].福州:福建师范大学,2002:31-32.

优质教育资源的引进影响最大,会在东道国的政治和宏观经济、教育政策等发生不可预测的变化和调整时给学校的办学活动带来影响、制约以及造成损失的可能性。因此,在实践办学过程中,相关主体需要充分重视对优质高等教育资源引进国在国家性、市场性、欺诈性风险的评估和防控。

整体来说,当前我国通过中外合作办学的形式引进境外优质高等教育资源仍存在一些困难,主要体现在:第一,在全球教育服务贸易市场上,发达国家教育国际竞争力优势显著,美国和英国等西方国家占据强势地位。而我国尚未充分发挥庞大的教育资源的力量,整体来说还处于相对劣势地位,在资源引进过程中也处于不利地位,这就增大了风险发生的可能性。第二,相关法规和制度还不够健全。与金融、贸易、信息等行业进行全球贸易所做的准备相比,我国教育部门对金融全球化的准备还不够充分,相关的政策法规不够健全,政府相关部门亟待协调并妥善解决中外合作办学收费、税收、外汇账户等相关问题。第三,从目前我国中外合作办学的整体状况上看,我国与国外一流大学合作的机构数量占比并不高,教育过程监控管理和跨境教育质量保障体系有待进一步完善。因此,无论从理论还是实践上,我们都需要进一步加强对境外优质高等教育资源引进的一般性风险表征及控制,为维护我国国家主权与利益,保证高等教育国际交流与合作的安全开展,维护良好的国际交流与合作的秩序做出应有的贡献。

在复杂多变的国际形势下,在高等教育的国际贸易规模越来越庞大的背景下,加强一般性贸易风险管控是现实所需,且需要在专业人才队伍建设等方面着力推进。

第二节　教育性风险表征

教育贸易既属于一般性国际贸易活动,具备贸易活动的属性并遵守其规定和准则,也具备相应的教育贸易特殊属性。所以,在引进境外优质高等教育资源过程中,也有因教育贸易特殊属性而呈现的独特风险表征。随着我国社会教育结构转型带来的教育发展方式转型,教育发展过程中的不确定因素显著增加,导致风险后果的严重程度也随之加大。[①] 因此,在引进境外优质高等教育资源过

---

① 倪娟,王澍,高慧珠,沈健.我国教育风险研究现状与展望[J].教育研究与实验,2018(4):31-36.

程中,需要深刻分析我国在教育发展方式转型过程中的不确定性因素,明确其风险的教育性表征。境外优质高等教育资源的引进是一个系统工程,主要包括境外优质高等教育资源的甄选、引进、使用及中止等环节,所以下文中也将以这四个环节为主线,分析其教育性风险表征。

一、境外优质高等教育资源甄选过程的风险表征

当前,我国中外合作办学机构和项目已有 2 500 多个,在校生规模近 60 余万人。这其中有办学质量高,效益好的项目或机构,诸如上海交通大学密歇根学院、西交利物浦大学、昆山杜克大学、浙江大学国际联合学院、深圳北理莫斯科大学等,也有一些质量低下甚至失败的案例。导致办学质量低下和失败的原因很多,其中的主要原因之一就在于引进资源的质量评判标准不够清晰,没有形成完整的引进标准框架。[①] 为此,境外优质高等教育资源甄选过程的风险主要表征为:

1. 对优质高等教育资源本身的内涵缺乏深刻和全面的理解

长期以来,在理论与实践界皆存在对境外优质高等教育资源的内涵缺乏深刻和全面理解的问题,各引进主体简单地以各类大学排行榜为参照,排名靠前的大学和热门专业即被视为优质高等教育资源。事实上,引进的国外优质高等教育资源必须是国内急需,且能"为我所用"的教育资源。其次,就国外高等教育资源本身而言,"优质"不仅指国外的一流大学、一流学科,主要强调的还是各学校的特色专业与优质课程。[②] 与此同时,优质高等教育资源不仅指显性的优质教育要素,还包括隐性的优质教育要素,诸如先进的办学理念、人才培养模式、学术品格与大学文化等。理想环境下的国外优质教育资源使用,应该包含整个课程教学范围内的各个方面,从教学理念、人才培养模式、课程教材与辅导材料、教学技术与手段、考核模式、课程管理与保障体系、师资队伍建设等,进行全面引进和使用,这样才能真正达到"为我所用,为我所有"的深层次使用效果。[③]

2. 对境外优质高等教育资源缺乏较为清晰和具可操作性的评价标准

正是因为缺乏对境外优质高等教育资源内涵的深刻理解,引进主体在实践操作层面自然也就缺乏清晰和具可操作性的评价标准,导致其在引进境外高等

① 薛二勇.中外合作办学改革和发展的政策分析[J].中国高教研究,2017(2):24-28.
② 林金辉.中外合作办学中优质高等教育资源的合理引进与有效利用[J].教育研究,2007(5):36-39.
③ 张静,潘磊.中外合作办学专业背景下国外优质教育资源的使用、开发和共享研究[J].轻工科技,2017(1):152-153.

教育资源时,过于简单地以商业性学科专业排名或大学排名为参照,将排名靠前的学科专业或学校等同于优质教育资源,排名靠后或未上榜的则被忽视或视为非优质高等教育资源。事实上,现存的众多学科专业或大学排名难以全面、客观、真实地反映全球范围内的高等教育发展状况,比如在各排行榜中,德国、法国和俄罗斯等非英语国家与地区的高等教育机构由于多种原因表现不佳,但事实上这些国家同样有大量的优质高等教育资源存量。此外,一些富有特色的文理学院、职业类院校等在大学排行榜上也不可能有很好的表现,而这些教育资源在得到较好利用的情况下,同样能促进我国相关教育的发展进步。当前我国在境外优质高等教育资源的引进过程中缺乏可操作性的甄选评价标准,具体体现在不能根据我国高等教育发展的现实需求制定有针对性和详细的境外优质高等教育资源引进实施细则和需求表。在全面推进高等教育强国建设进程中,不仅研究型、基础理论型大学和学科的发展需要境外优质高等教育资源的助力,一些教学型、应用型大学与学科的发展同样需要引进相匹配的境外优质高等教育资源。事实上,近年来一大批地方本科院校及应用型专业通过开展境外优质高等教育资源的引进,在提升办学效益与质量上取得了较好的成绩。

二、境外优质高等教育资源引进过程的风险表征

从国际视野看,在世界各国和地区的高等教育资源跨境引进过程中都存在优质高等教育资源不足而导致的质量问题。中国香港地区、以色列、马来西亚、罗马尼亚、阿拉伯联合酋长国、新加坡以及南非都曾对其境外资源提供者抱怨质量低下的问题。[①] 因此,在境外优质高等教育资源引进过程中,其主要风险表征有以下几个方面:

1. 缺少对境外优质高等教育资源的质量认证体系与风险防控经验

在境外高等教育资源引进过程中,市场需要经过一段时间才能充分地重视质量、价值与声誉,以及认识到缺少境内许可、质量保障与认证措施是增加高等教育资源跨境引进风险的主要原因。[②] 与此同时,在跨境合作办学中,大学置身于越来越商业化的环境,但大学教员和管理者却未经专业训练,包括反欺诈和

① Van der Wende, M. Internationalization policies: About new trends and contrasting paradigms[J]. Higher Education Policy, 2001(3).
② Bashir, S. Trends in international trade in higher education: Implications and options for developing countries(2007) [M]. Washington, DC: World Bank.

公司治理方面的培训,也不一定能处理教育跨境贸易的一些细节问题,这些都会带来风险。[①] 因此,在境外优质高等教育资源引进过程中,缺乏质量保障与认证体系,以及大学从业者缺乏国际教育贸易相关的经验,就有可能导致风险的出现。

2. 引进过程中盲目追逐热门高校与学科专业

在对优质高等教育资源内涵缺乏全面与深刻理解,缺乏清晰与可操作性评价标准的情况下,就有可能出现在引进过程中盲目地追求热门高校与专业的问题。例如在引进的学科和专业分布上,只倾向于生源好、成本低、见效快的经济管理类和语言类专业,导致各高校低水平重复办学现象较为严重。[②] 在引进境外优质高等教育资源时关注热门高校与学科专业有其合理性,因为热门高校与学科的办学效益与毕业生就业形势更佳。但这会带来引进成本过高,风险较大、质量得不到保障等问题。此外,对基础性学科专业的忽视不利于我国高等教育实力整体性提高,也不利于基础性学科专业的发展。根据 2019 年 8 月《教育部关于批准 2019 年上半年中外合作办学项目的通知》,在经教育部批准的 30 个中外合作办学项目中,大多数是诸如国际法、网络工程、电子科学与技术、广告学等应用性热门专业,基础性学科专业则相对较少。

三、境外优质高等教育资源使用过程的风险表征

在甄选并引进境外优质高等教育资源后,还要能够高效地使用并切实发挥其价值。但是境外优质高等教育资源的使用过程同样存在着风险,其具体表征如下:

1. 难以与本土教育有机耦合导致一次性利用问题

引进境外优质高等教育资源的最终目的是有效利用、消化与吸收并得到创新,将引进的国外优质教育资源转化为我国高等教育自身改革和发展的动力,使我国高等教育真正实现优质的发展,并最终提高我国高等教育整体水平和国际竞争力。[③] 因此,在境外优质高等教育资源的使用过程中,如果引进资源不能与本土教育资源实现有机耦合,则会限制其价值的发挥,甚至在一定程度上产生风

---

① Carr, K. Intervention at session 4 of transnational education symposium: Who benefits? Who pays? The University of Melbourne, 24 November 2000.
② 赵凤兰.高校中外合作办学引进国外优质教育资源研究[J].中国成人教育,2014(22):45-47.
③ 孙清萍.国外优质教育资源的引进与转化[J].山东师范大学学报(人文社会科学版),2006(4):158-161.

险,例如"水土不服"甚至与本土教育之间互相矛盾等问题。这样一来,所引进的境外优质高等教育资源便会缺乏可持续性,无法长期存续并适应本土的经济社会发展需要,导致资源浪费。

2. 缺乏对境外优质高等教育资源的整体性使用

优质教育资源是一个笼统和宏观的概念,具有十分丰富的内涵,既包括显性的学位资源、课程与教材、师资队伍乃至先进的教育教学仪器设备等资源,也包括隐性的办学理念、办学模式、教育教学方法与评价模式、校园文化等资源。长期以来,在使用境外优质高等教育资源的过程中,存在重显性教育要素的使用而轻隐性教育要素的吸收与借鉴的问题。理想环境下的国外优质教育资源使用,应该包含整个课程教学范围内的各个方面,从教学理念、人才培养模式、课程教材与辅导材料、教学技术与手段、考核模式、课程管理与保障体系、师资队伍建设等多方面的全面引进和使用,这样才能真正达到"为我所用,为我所有"的深层次使用效果。因此,重视显性教育资源的利用而忽视隐性教育资源的吸收与内化,这会导致办学主体不能充分利用和开发显性教育资源的价值,也不利于我国教育的进一步创新与发展。

四、境外优质高等教育资源终止过程的风险表征

有开始就一定有结束,这是人类世界必然存在的客观规律,对于境外优质高等教育资源的引进也同样如此,其也要遵循从遴选、引进、使用到终止的完整生命周期规律。随我国高等教育国际化走向更高阶段,境外优质高等教育资源的引进也到了新发展阶段,需要引进一些质量更高、效益更好的项目和机构。因此,一些质量不高或存在其他方面问题的相关项目就必然会被淘汰。2018 年 7 月,教育部办公厅就发布了《关于批准部分中外合作办学机构和项目终止的通知》,依法终止了 234 个本科以上中外合作办学机构和项目,其中包括 5 个中外合作办学机构。而在境外优质高等教育资源终止的过程中,也会产生一些风险,例如对存量师资学生的不妥善安排带来的风险,因为退出机制不成熟导致的固定资产与合同清算风险等。

第十章
境外优质高等教育资源引进影响因素

　　题记：一定时期内，导致境外优质高等教育资源引进的风险有很多，根据前文对风险表征的分析，可以同样将导致风险的因素分为非教育性因素和教育性因素两大类。对境外优质高等教育资源引进风险影响因素的分析和准确把握，是构建相应规避机制的基本前提。在当前这种复杂多变的国际国内局势下，我们一方面需要坚定进一步扩大对外开放和引进境外优质高等教育资源的方向不动摇，另一方面也要对影响境外优质高等教育资源引进的非教育和教育因素有准确和科学的研判，以此为我国高等教育的进一步发展壮大保驾护航。

　　在境外优质高等教育资源引进过程中，除了会因为教育自身的属性产生特定风险外，还会因为国际贸易的一些不确定性因素产生教育贸易的一般性风险。比如国际政治风险、欺诈风险、合同风险等等。因此，在境外优质高等教育资源的引进过程中，加强对一般性国际贸易风险的研究和研判同等重要。

第一节　非教育性影响因素

　　境外优质高等教育资源作为一种跨境国际贸易产品，会受国际及引进国的政治局势与环境，以及贸易行为本身不规范或存在欺诈行为等的影响而产生相应风险。这些影响因素与教育本身特性无关，是普遍存在于所有国际贸易之中的影响因素，统称为非教育性影响因素。

一、总体和平但不稳定的国际局势是高等教育资源引进的重要影响因素

在开放的国际环境下,一定时期内教育发展会受当时期国际局势的影响,特别是对于国际教育来说,其受到的影响更加深刻直接。因此,对国际局势的准确把握和判断是规避境外优质高等教育资源引进风险的基本前提。就当前国际局势来说,主要有以下几个基本特点:首先,世界保持总体和平与合作发展的基本态势,有利于境外优质高等教育资源的引进。近年来,虽然局部矛盾与冲突不断,但整体上国际保持和平状态。再加上经济全球化进程的加速以及一些社会性问题诸如环境污染、能源短缺、恐怖主义威胁等越来越具有跨国或区域性,所以要求国际间形成更紧密的合作关系,国际教育合作与交流也随之变得更加紧密,为境外优质高等教育资源引进提供了相较良好的国际环境。其次,单边主义与贸易保护主义不断抬头,将会给境外优质高等教育资源引进带来障碍和挑战。例如,由美国一手挑起的中美贸易战导致前者加强对教育出口的审查和控制,英国脱欧导致英国教育政策产生波动和不确定性等。最后,既有的国际格局将在逐渐形成的新型大国关系中受到挑战并得到调整,带来影响境外优质高等教育资源引进相关活动的不确定性因素。随我国的综合国力和国际影响力不断增强,传统的中美、中欧、中日、中俄等大国双边关系不断受到挑战,并需要重新定位,在此过程中就会出现一些矛盾甚至对抗,既有的教育合作格局和模式也会随之受到挑战和调整。因此,当前的国际局势对于境外优质高等教育资源的引进来说既存在有利的因素,也有一些不利因素。因此,对宏观国际局势的准确把握,是我们制定相应政策,规避相应风险的基本依据和前提。

二、国际教育贸易市场的不成熟和快速发展是导致风险的重要因素

虽然世界贸易组织将教育服务看作是服务贸易的重要领域,而且《服务贸易总协定》也明确了高等教育国际贸易的不同形式和内容,但较之其他一般性商品贸易,教育服务贸易的国际市场发展还不甚成熟。其中主要存在的问题有:缺乏系统的国际高等教育质量保障和认证体系;互联网对既有高等教育市场的影响;针对中等后教育的境外提供者的管理体系尚未成熟;高等教育相关学习材料

的知识产权问题等。① 对境外优质高等教育资源的引进来说,其中影响较大的因素之一便是缺乏系统的国际高等教育质量保障和认证体系,这会导致办学主体在引进过程中缺乏对境外相关资源相对客观和准确的评价标准,因此在具体操作过程中会更多地以一些商业性排名作为参照依据。此外,随高等教育国际化进程的不断加速,国际教育贸易的规模不断扩大,内容和形式也不断丰富,在此过程中,由于国际教育贸易市场本身的不完善,一些潜在风险也有可能出现。

第二节　教育性影响因素

在境外优质高等教育资源引进过程中,教育性因素也是导致引进风险的重要原因。相对于一般性商品贸易,通过国际教育贸易引进的境外优质高等教育资源若要切实发挥其价值,还需要遵循教育的一般性规律,并受到教育性因素带来的风险的影响。

一、对优质教育资源内涵的认知偏差和非整体性引进导致风险

所谓"优质教育资源",就是指在世界范围内具有先进教育水平,并能保持一定领先优势的教育人力资源、财力资源和概念资源的整合,具体内容包括先进的办学理念和方法、优秀的师资队伍及其生成能力、优质的课程和教材、成熟的管理模式与经验。② 此外,优质高等教育资源还包括具有竞争力的学位、先进的大学文化以及治理体系等资源。在引进境外优质高等教育资源时,办学主体要对其内涵有全面和深刻的理解,并在实际办学过程中对优质教育资源进行整体性的引进、吸收和利用。若对优质教育资源内涵存在认知偏差,在实践办学过程中就会过度重视对显性教育资源的引进与利用,而忽视隐性优质教育资源的吸收和利用。教育的重要特性之一就是具有整体性,其显性教育要素需要得到隐形教育要素的支撑才能得到更好的发展,并实现既定教育目标。因此,对优质高等教育资源内涵的认知误差和非整体性引进,就会导致风险出现。比如只重视对学位资源、课程和师资的引进,而缺乏对文化、管理制度和办学理念的吸收借鉴,从而导致这些优质教育资源的应用过程中缺少背景支撑,出现"水土不服"的现

---

① 周满生.国际教育服务贸易的新趋向及对策思考[J].教育研究,2003(1):38-43.
② 王敏丽.中外合作办学中优质教育资源之内涵[J].江苏高教,2007(5):128-129.

象,最终带来引进失败的风险。

二、忽视优质教育资源增值能力培养导致非持续性使用的风险

当把教育相关要素资源化后,其就区别于单纯的消耗性资源并具备增值性。"增值"本身属于经济学范畴的一个概念,本意是指投入和最终成品销售价之间的区别。[①] 而在高等教育情景下,所谓"增值"是指大学教育对学生学业成就以及毕业后的工作、生活所带来的积极影响。[②] 因此,在本研究中,所谓"优质教育资源的增值",就是指在引进之初的投出与最终产出之间的区别,具体来说包括教育资源对人才培养、科学研究和社会服务带来的积极影响,对办学理念及办学模式转变、先进文化涵育等带来的正面作用。因此,境外优质高等教育资源的增值能力就是衡量其引进后是否带来了积极影响,以及带来的积极影响的大小的一种评价标准。境外优质高等教育资源的增值能力需要积极培养,以使优质教育资源能够得到可持续性使用。由于教育本身就是一个可持续发展的事业,所以需要一定程度的延续性和连贯性,比如人才培养模式就需要在一定时期内保持相对延续性和连贯性。因此,如果因缺乏对境外优质高等教育资源增值能力的培养能力,一旦这些优质教育资源的相关引进项目因为合同到期或其他原因终止后,就会因为其非延续性而带来消失的风险,以及产生境外优质高等教育资源一次性利用问题,不仅加大引进成本,还难以达到预期引进效果。

三、中外教育体系的异质性引发风险

在境外优质高等教育资源的引进过程中,还存在着由于中外教育体系的异质性而引发的风险。每个国家都有自身独特的教育体系,包括宏观的国家教育管理制度,中观的学校治理体系以及微观的教师个体的教育教学行为等。以中外合作办学的形式引进境外优质高等教育资源过程中,两个完全不同的教育体系需要经历相互磨合和融合的过程。比如在对学生学业及学籍的管理上,中外不同办学主体就存在较大的差异,英国等国家对学生学籍管理极其严格,一旦出现作弊或者期末考试不及格的情况学生就有可能面临退学的处理。而在中国特

---

① 张志泉,殷杰.小学卓越师范生培养质量的增值性评价研究[J].华东师范大学学报(教育科学版),2018(5):138-147+170-171.

② Alexander W. Astin. Achieving Educational Excellence: Achieving Educational Excellence: A Critical Assessment of Priorities and Practices in Higher Education [J]. Journal of Higher Education, 1985(5).

殊的国情下,管理者往往面临着巨大的压力,所以会与外方合作办学机构进行各种磋商、协调和互相妥协。而在这个过程中若出现协商不成功的情况,就会面临办学的一些潜在风险。比如某办学机构负责人在访谈中提到:比如我们在与外方合作过程中,他们那种不可挑战的学术标准就值得我们学习,特别是在处理学术不端行为时。比如说学生的期末作业,只要出现抄袭行为且被认定两份作业一样,就肯定会算不及格。双方在日常办学过程中面临的办学思想上的冲突与摩擦将有可能引发风险。

在境外优质高等教育资源引进过程中,教育性因素同样会带来风险。这里面既有主观方面的原因,例如对优质教育资源内涵缺乏更深刻和整体性的理解而导致对其增值性性能力的培养的缺失。也有客观方面的原因,例如合作双方教育体系的异质性导致双方在处理相关事务的时候产生分歧而引发风险等。

第十一章
境外优质高等教育资源引进风险控制

题记：高等教育国际化已经成为形塑世界高等教育发展形态的一种不可或缺的力量。在我国全面推进高等教育强国建设新阶段，除了加强自身优质高等教育资源建设能力外，积极主动融入世界先进高等教育体系，通过多种手段引进、利用并吸收境外优质高等教育资源也是应有之义。但是，在复杂的国际政治局势和快速发展的国际高等教育市场背景下，境外优质高等教育资源安全、有序与有效的引进、利用与吸收同样也是一项充满挑战与风险的事业，需要在综合分析其风险表征及影响因素基础上，构建出新时期境外优质高等教育资源引进风险的规避机制。风险的防控是一个系统工程，需要政府、办学主体等从多个维度做出努力，方能构筑相对有效的风险规避体系。

在当前复杂多变的全球环境下，对境外优质高等教育的引进存在诸多风险及不可控因素。因此，需要从多方面强化风险防控体系的建设。其中，需要首先充分发挥政府在风险防控中的主导作用，比如制定境外优质高等教育资源分布战略地图，积极参与构建相对成熟的国际教育贸易市场，建立境外优质高等教育资源引进失败案例数据库，出台境外优质高等教育资源引进标准体系建设并强化准入性审批等。

第一节　政府层面

复杂多变的国际局势为境外优质高等教育资源的引进增加了很多不确定性因素。而在这些不确定因素面前，高校由于自身的能力所限，往往难以独立应对。因此,国家需要从政府层面采取系列举措以降低境外优质高等教育资源引进的风险,从而提高引进质量。

一、制定境外优质高等教育资源分布宏观战略地图

长期以来,我国在开展教育对外合作交流以及境外优质高等教育资源引进相关活动过程中,惯性地以欧美等发达国家或地区为主要合作对象,这有其合理性,毕竟优质高等教育资源分布主要就集中于这些国家或地区。但在世界高等教育越来越开放多元的时代背景下,除了常规性区域外,一些国家和地区同样也有具备优势和特色的优质高等教育资源分布,但由于关注度不高,我国办学主体往往忽视了对这些资源的利用。为降低因境外优质高等教育资源来源过于单一而导致的相应风险,在新的发展时期,我们要更加重视对高等教育新兴国家或区域的一些富有特色和比较优势的优质高等教育资源的开发和利用。而要做好这项工作的前提,就是要在国家层面制定境外优质高等教育资源分布宏观战略地图,从学校、学科、专业、本科生教育、硕博士生教育、人力资源等多个维度全面梳理和呈现当前全球范围内,对于促进我国高等教育发展有积极战略意义的优质高等教育资源分布情况。这一战略地图将成为国家和办学主体制定相应政策和开展相应办学活动的重要参考依据和行动指南。

二、积极参与构建相对成熟的国际教育贸易市场

在前文的风险因素分析中提到,缺乏相对成熟的国际教育贸易市场也是导致境外优质高等教育资源引进风险的重要因素。因此,我们需要构建相对成熟的国际教育贸易市场,降低我国境外优质高等教育资源引进的风险。具体来说,一是积极参与建设能够受到广泛认可并能被切实遵守的国际教育贸易规则或制度。长期以来,国际教育相关规则和制度都是在欧美等发达国家主导下形成,因此也更符合这些国家的教育需求和利益,主动参与这些规则与制度的建设,也是我国从教育大国走向教育强国的必然要求。二是积极参与建设能在国际教育贸易市场上起协调作用的国际组织,比如世界贸易组织、联合国教科文组织等。三是积极参与并建设一些可通行的国际教育认证标准。在当今世界范围内,已有一些具有全球性认可的专业认证标准,比如工程教育领域的《华盛顿协议》。四是积极参与全球教育治理,构建新型健康国际教育秩序不仅是新时代我国相关

政府主管部门的天然使命，也是降低高等教育国际交流与合作风险的重要方式之一。从我国现状来看，政府应该在以下三个方面发挥积极作用：首先，充分发挥政治精英作用，建立广泛磋商机制，扩大国家影响力。其次，为部署国家战略做好顶层设计。再次，政府需进一步转变角色，逐步认同和推行伙伴式的网络化合作关系。①

三、建立境外优质高等教育资源引进失败典型案例数据库

随我国进一步扩大教育对外开放水平和境外优质高等教育资源引进的规模，就会不可避免地出现各种类型的风险。在努力防控并降低风险的同时，我们还需要总结经验教训，以防患于未然。故此，笔者建议从政府层面搜集并整理自我国开展境外优质高等教育资源相关活动以来的引进失败典型案例，借助大数据相关手段或方法，统计整理失败典型案例产生的原因、表现形式以及造成的损失等。通过类似数据库的建设，能够为将来开展类似活动时规避相应风险提供事实性依据。

四、出台境外优质高等教育资源引进标准体系并强化准入性审批

第二轮"双一流"建设名单公布意味着我国高等教育建设进入了新阶段。2022年1月，教育部、财政部和国家发展改革委发布了《关于深入推进世界一流大学和一流学科建设的若干意见》（以下简称"意见"），意见对新时期"双一流"建设做出了全面部署，其中提出了要"推进高水平对外开放合作，提升人才培养国际竞争力"，并进一步对新时期我国高等教育对外开放工作做出部署，指出要"全面提升国际交流合作水平"，包括要"建立健全与高水平教育开放相适应的高校外事管理体系，探索与世界高水平大学双向交流的留学支持新机制，开展学分互认、学位互授联授，搭建中外教育文化友好交往的合作平台，促进和深化人文交流。规范来华留学生管理，扩大优秀学历学位生规模，推进来华留学生英语授课示范课程建设，全面提升来华学历学位留学教育质量"。

因此，可以说我国高等教育主体在开展引进境外优质高等教育资源工作上也进入了新阶段，需要进一步提升境外优质高等教育资源引进的标准，强化引进

---

① 陈婧，邵思源.参与全球教育治理的国家战略研究——基于教育治理现代化的视角[J].江苏大学学报（社会科学版），2021（6）：113－123,131.

资源的审批,真正将那些具有先进办学理念,能够改善我国高等教育生态结构,具有可持续办学能力,可对我国高等教育体系起到互补性作用的优质资源引进来。

五、建立起多部门联动的境外优质高等教育资源引进管理体系

在复杂多变的国际形势下,境外优质高等教育资源的引进充满了风险挑战,仅仅依靠教育部门的统筹力量有些力不从心。在引进境外优质高等教育资源时,往往会涉及对国际政治形势的判断、对国外外交政策的把握和理解,以及在引进过程中处理一些突发性外交事件。为了更高效和安全地开展境外优质高等教育资源引进工作,我国需要建立起多部门的引进管理体系。比如英国在推进教育国际化进程中,就非常重视发挥国际贸易部在境外潜在市场的开拓、良好教育合作伙伴关系的搭建等方面发挥的不可替代的作用。我国在开展教育国际合作和境外优质高等教育资源引进过程中可以借鉴英国的经验,注重相关政府部门之间的协同性,号召教育部、外交部、文化和旅游部、商务部等多部门共同参与,协同指导各级各类教育机构对口单位,制定、落实配套的国际教育工作推进方案[①]。例如,发挥国际商务与贸易部门在境外教育市场的开拓与联系功能,发挥外交与文化部门在建立与他国良好人文与教育合作机制方面的功能等。总之,在全面推进教育国际化进程中,我国应加强相关政府部门之间的协同性,以最大限度地降低风险、提高效益。

第二节　高校层面

学校是实施境外优质高等教育资源引进的直接主体,要承担起风险带来的相应主体责任,对于风险防控起到直接和至关重要的作用。基于前文对风险表征和影响因素的分析,从学校层面看,规避风险主要可以从如下几个方面做出努力。

一、客观分析办学需求并务实制定境外优质高等教育资源引进计划

近年来,随"双一流"建设进程的不断推进,越来越多的高校加入引进境外优质高等教育资源的大潮之中。与此同时,一些非"双一流"入选高校,以及一些地

---

① 刘强,荆晓丽.部分发达国家视阈下的中国国际教育发展研究[J].比较教育研究,2016(10):86-93.

方本科院校和职业类院校也为提升办学质量加强了境外优质高等教育资源的引进和利用。我国有各级各类院校 2 900 余所，不同高校由于办学层次、办学类型、办学目标、办学特色与优势各异，因此对境外优质高等教育资源的需求也必定存在差异。对于一些以建设世界一流大学为目标的研究型大学来说，需要通过引进世界顶尖教育资源，积极开展高水平的中外合作办学，以此为我国加快世界一流大学与一流学科探索一种新的路径；提高我国高等教育在世界高等教育体系的地位并获得办学主动权，突破"中心—边缘"理论所设定的高等教育旧体系；发展与创新中外合作办学模式。① 而对于一些地方本科院校和职业类院校来说，通过引进相对应境外优质高等教育资源的主要目的在于提升自身的办学质量，转变既有办学理念和办学模式，提高办学效益。因此，不同层次类型的高校需要务实地根据自身办学需求和定位，制定相对应的引进计划，不可好高骛远，也不能要求过低。例如有办学机构负责人在接受本书作者采访时就提到：我们当初选择合作对象的时候，并没有一窝蜂地去英美等强势高等教育国家寻找，而是审慎地基于我们学科自身发展的特色和需求寻找更为匹配的合作伙伴。后来我们根据自身的学科建设需要，选择了法国一所不算很知名的高校，并与其非常有实力的学科开展深度合作。事实证明，我们的选择是明智的，经过多年的合作，我们双方不仅在人才培养、科学研究等方面取得了卓越的成绩，而且还节省了办学经费。

二、深化境外优质高等教育资源内涵理解并强化增值性能力培养

当前，办学主体在境外优质高等教育实践办学活动引进中，存在着缺乏对境外优质高等教育资源内涵完整与深刻的理解，在实践中不能立体性引进与使用，引进资源与本土教育资源耦合性低，增值性能力低下等一系列的问题。这些问题的存在，一方面加大了引进的成本，降低优质教育资源的利用效益，另一方面也加大了项目终止后出现的风险。因此，办学主体首先需要深化对其概念内涵的理解，境外优质高等教育资源包括显性教育要素资源和隐性教育要素资源。其次需要强化显性教育要素资源与隐性教育要素资源之间的互动，在充分利用显性教育要素资源的同时借鉴、吸收和内化隐性教育要素资源，并与本土教育形

---

① 伍宸，宋永华，赵倩."高水平中外合作办学"的理念与实践[J].中国高教研究，2017(2)：29－31＋47.

成耦合机制,以此提高境外优质高等教育资源的增值性能力。为此,办学机构需要强化对自身的创新性和前瞻性设计,通过更为成熟的治理体系建设,一方面提高境外优质高等教育资源的利用效率,另一方面也能切实降低成本和风险。

三、健全境外优质高等教育资源退出机制以降低退出风险

教育活动存在周期性,境外优质高等教育资源同样也存在着从引进到终止的必然生命周期。在境外优质高等教育资源退出的时候,就有可能引发一系列不可控的风险,诸如对在读学生造成损失,对在研科研项目造成损失等。因此,我们需要健全境外高等教育资源的退出机制以降低退出风险。具体来说,可以从如下几个方面做出努力:首先,在境外优质高等教育资源的结构上尽量做到有一定的互补性和可替代性,比如学科结构、资源来源区域结构等。在具有互补性和可替代性的资源结构状态下,就能够保证在其中一个项目或资源来源终止后,其他项目或资源还能够继续发挥其作用。其次,在签订引进合同的时候,要明确建设周期,退出的条件、时间以及替代方案等。最后,同样是要加强对境外优质高等教育资源增值性能力的培养,积极借鉴、吸收、复制乃至创新其办学理念和模式,从而保证在其项目终止后还能继续发挥应有的作用和价值。

第三节　结　语

高等教育强国的建设是新时期我国重大国家战略部署,在高等教育国际化深化发展时代背景下,需要充分利用世界范围内一切有利于我国高等教育发展的优质教育资源,而加强境外优质高等教育资源的遴选、引进、吸收与利用是新时期我国高等教育发展的重要战略抓手。随境外优质高等教育资源的引进规模不断扩大,风险也会在此过程中不断出现,这些风险一方面会造成直接经济损失,另一方面也有损我国高等教育的国际形象。风险问题与人类文明相伴而生,文明进化的历程在一定程度上也是人类回应并控制风险的过程。[1] 因此,积极面对并采取切实可行的方法规避这些风险,是理论与实践研究的重大课题。通过风险防控来提高引进效益,能够最终促进我国高等教育稳步发展,早日实现建

---

① 宋亚辉.风险控制的部门法思路及其超越[J].中国社会科学,2017(10):136-158+207.

成世界高等教育强国的战略目标。当然,我们还需要强调大学的自律精神,通过
严格的风险防控手段来规避风险。①

　　当然,必须强调的是,境外优质高等教育资源引进的风险防控是一个非常复
杂的问题,本文仅对其做了初步的论述,还需要进一步从理论与实践上进行更多
的探索与研究。

---

① 许美德,陈艳霞,王洪才.文明对话与世界一流大学建设[J].重庆高教研究,2018,6(5):3-19.

第十二章
总结与展望

　　当今世界正在经历百年未有之大变局，国际形势复杂多变，风险挑战日益增多。在这样复杂多变的国际形势下，我国要继续保持高等教育事业的稳步发展，除了需要进一步强化内功，以提升高等教育办学实力外，还需要加强高等教育的国际交流与合作，在全球高等教育体系里汲取丰富的营养。正如在第二轮"双一流"建设工程相关文件中所言，要"推进高水平对外开放合作，提升人才培养国际竞争力"。站在新的历史起点上，我们一方面需要进一步扩大高等教育对外开放，通过高等教育资源引进来与走出去不断提升我国高等教育国际影响力，不断锻炼在全球范围内整合优质高等教育资源的能力。另一方面，在我国高等教育发展的新阶段，我们需要进一步提升优质资源的使用效益并强化风险防控。

　　在本书的上篇之中，笔者站在对高等教育国际化理论的建构性分析基础上，分别从我国高等教育国际化发展的历史阶段及未来趋势，"双一流"建设背景下我国高等教育国际化办学价值取向及绩效评估体系，优质高等教育资源引进的70年历史回顾等方面，整体性建立起了新时期优质高等教育资源引进的理论性基础。再基于此，进一步建立起了新时期境外优质高等教育资源引进的理论性基础，并在此基础上结合我国高等教育发展的实际需求，分别讨论了境外优质高等教育资源引进的显性和隐性标准体系。在本书的下篇中，重点讨论了在当前复杂多变的国际形势下，我国在引进境外优质高等教育资源过程中将要面临的风险挑战及其规避机制。首先，基于风险社会理论研究分析了当前我国高等教育国际化工作的风险及其理论性应对措施。再进一步阐述了当前我国引进境外优质高等教育资源的风险状况，以及风险的表征形式和影响因素，最后简要讨论了如何建立起风险防控体系。总之，本书立足于对高等教育国际化基础理论的批判性重构,结合对当今世界高等教育发展的基本状况及我国高等教育未来发展趋势的把握,系统性地提出了新时期引进境外优质高等教育资源的基本标准,以及在引进过程中的风险表征、影响因素及防控体系,是国内相关研究领域首部系统性对此问题做出探讨的学术专著。在研究过程中,笔者通过对相关办学机构管理者进行深度访谈,掌握了一手信息资料,也加深了对这些问题的分析与理解。

但是,由于作者本身水平有限以及精力不足,本书还存在一些缺陷和问题尚待进一步的深化研究。首先,还需要进一步加强对境外优质高等教育资源引进量化标准的研究和分析。由于高等教育办学相关的资源极其复杂多变,因此本书只能提出其引进的质性标准,但为了更科学和精准开展相关办学活动,还需要一定程度上建立境外优质高等教育资源引进的量化标准。其次,还需进一步研究境外优质高等教育资源引进的典型失败案例,并建立起相应案例库。由于本研究问题的特殊性,关于引进资源失败案例的信息获取极其困难,因此缺乏对引进境外优质高等教育资源存在风险的案例剖析。最后,在未来的研究中,还要进一步强化对全球优质高等教育资源流动现状和规律的研究,并站在更高的战略格局,审视我国引进境外优质高等教育资源的标准体系和风险体系,以切实提高我国高等教育对外开放水平,切实增强境外优质高等教育资源引进的办学效益。当然,也希望学界同仁多批评指正,为进一步深化本领域的研究提供有价值的研究建议。

附录
境外优质高等教育资源引进标准与风险控制访谈提纲

尊敬的领导、专家：

您好！

受国家社会科学基金(CIA180278)委托，课题组拟就"双一流"建设背景下境外优质高等教育资源引进标准及风险控制等议题展开访谈研究。访谈对象主要包括中外合作办学机构负责人，高校外事管理相关人员。

本研究将系统梳理"双一流"建设背景下我国在开展境外优质高等教育资源引进时需要确立的新标准，在当前复杂多变的国际局势下面临的风险挑战以及相应的对策。项目团队将通过各种方式完成访谈，预计完成 20 例访谈。鉴于您在此领域的重要影响，诚邀您参与此项研究。访谈时间约 30—50 分钟，后期相关研究成果也将与您分享。

鉴于当前疫情影响不方便出行，本次访谈将通过电话访谈的形式开展。如您接受我的访谈，在您方便的时候我将与您取得电话联系。万分感谢您的支持和帮助！

教育科学规划国家青年项目(CIA180278)课题组
2022 年 1 月 10 日

1. 您认为当前我国高等教育发展处于什么阶段，在与境外相关高校开展合作办学时我们应持有什么样的合作观、标准观和利益观？

2. 您认为在当前我国高等教育发展阶段，我们需要与境外什么样的办学主体开展合作办学？当今世界优质高等教育资源有何特征？

3. 您认为境外显性优质高等教育标准诸如学科专业、师资、教材等各自有什么特征，我们需要在这些方面制定什么样的标准体系？

4. 您认为境外隐性优质高等教育标准诸如办学理念、办学模式、管理制度等各自有什么特征，我们需要在这些方面制定什么样的标准体系？

5. 在当前复杂多变的国际局势下，我国高等教育国际化办学以及引进境外优质高等教育资源等工作将面临哪些方面的风险挑战？

6. 在实践办学过程中，我们主要面临哪些方面的风险？可否有具体案例予以说明？

7. 为提高办学效益，维护办学安全，您认为应该从政府和高校等方面入手建立起什么样的风险防控体系？

8. 其他需要说明的事项。

主要参考文献

中文文献

[1] 顾明远.教育大辞典[M].上海：上海教育出版社,1998.

[2] 张静,潘磊.中外合作办学专业背景下国外优质教育资源的使用、开发和共享研究[J].轻工科技,2017(1)：152-153.

[3] 姜朝晖.大学校长国际化：中国34所"985工程"高校的调查[J].江苏高教,2010(5)：36-39.

[4] 林金辉.中外合作办学中引进优质教育资源问题研究[J].教育研究,2012(10)：34-39.

[5] (加)简·奈特.激流中的高等教育：国际化变革与发展[M].刘东风、陈巧云主译.北京：北京大学出版社,2011.

[6] 刘笑霞.论我国政府绩效评价的价值取向[J].北京理工大学学报(社会科学版),2011(6)：9-14,30.

[7] 顾露雯,崔军.美国研究型大学国际化评估指标、策略及对我国的启示[J].高等理科教育,2011(1)：71-77.

[8] 周光礼.世界一流大学的特质[J].中国高等教育,2010(12)：44-47.

[9] 马万华.全球化、全球参与和世界一流大学建设应关注的问题[J].华中师范大学学报(人文社会科学版),2014(2)：148-158.

[10] 洪成文,伍宸.耶鲁大学的当代辉煌与理查德·莱文校长办学思想研究[J].教育研究,2014(7)：144-151.

[11] 王重鸣.管理心理学[M].北京：人民教育出版社,2000.

[12] 张汉飞,刘海龙.资源全球配置的风险及其应对[J].亚太经济,2013(5)：115-118.

[13] 刘一凡.中国当代高等教育史略[M].武汉：华中理工大学出版社,1991.

[14] 祁占勇,杜越.新中国70年高等院校的调整变革[J].高等教育研究,2019(12)：18-25.

[15] 李国钧,王炳照主编.中国教育制度通史(第七卷)[M].济南：山东教育出版社,2000.

[16] 教育部关于全国农学院院长会议的报告[G]//何东昌主编.中华人民共和国重要文献(1949—1975).海口：海南出版社,1998：179.

[17] 刘盛佳.地理学思想史[M].武汉：华中师范大学出版社,1990：363.

[18] 孔令帅,张民选,陈铭霞.联合国教科文组织全球高等教育治理的演变、角色与保障[J].教育研究,2016,(9):126-134.

[19] 伍宸,宋永华.改革开放40年来我国高等教育国际化发展的变迁与展望[J].中国高教研究,2018(12):53-58.

[20] 林金辉.中外合作办学中引进优质教育资源问题研究[J].教育研究,2012(10):34-38+68.

[21] 伍宸,宋永华,赵倩."高水平中外合作办学"的理念与实践[J].中国高教研究,2017(2):29-31.

[22] 钟秉林.推进高等教育国际化是高校内涵建设的重要任务[J].中国高等教育,2013(13):22-24.

[23] 周海涛,景安磊,刘永林.增强高等教育内涵式发展能力[J].教育研究,2018(4):62-67.

[24] (加)简·奈特.刘东风,陈巧云译.激流中的高等教育:国际化变革与发展[M].北京:北京大学出版社,2011.

[25] 伍宸,宋永华.高等教育国际化内涵式发展的依据、维度及实现路径[J].中国高教研究,2018(8):17-22.

[26] 张国启.论社会主义意识形态的逻辑自洽性及其当代意义[J].马克思主义研究,2011(11):101-109.

[27] 王英杰.广义国际化与世界一流大学建设[J].比较教育研究,2018(7):3-10,86.

[28] 伍宸,宋永华."双一流"建设背景下高等教育国际化办学价值取向及绩效评估体系建构[J].中国高教研究,2019(5):6-12.

[29] 伍宸,洪成文.论中国高等教育发展模式的转型——基于发展经济学的视角[J].现代教育管理,2013(7):11-16.

[30] 别敦荣.论高等教育内涵式发展[J].中国高教研究,2018(6):6-14.

[31] 崔瑞霞,谢喆平,石中英.高等教育内涵式发展:概念来源、历史变迁与主要内涵[J].清华大学教育研究,2019(6):1-10.

[32] 眭依凡.大学理念建构及其现实问题思考[J].中国高教研究,2011(6):8-15.

[33] 何晓芳,迟景明.我国高等教育结构形成与演进激励的要素分析[J].高等教育研究,2018(11):20-24,36.

[34] 韩延明.高等教育新论[M].济南:山东人民出版社,2012.

[35] 徐小洲,辛越优,倪好.论经济转型升级背景下我国高等教育结构改革[J].教育研究,2017(8):64-71.

[36] 郭丛斌,刘钊,孙启明.THE大学声誉排名分析与中国大学声誉提升策略探析[J].教育研究,2017(12):51-59.

[37] 全国十二所重点师范大学联合编写.教育学基础[M].北京:教育科学出版社,2013.

[38] 康丽.描绘新时代教材建设蓝图——《全国大中小学教材建设规划(2019—2022年)》发布[N].中国教教师报,2020-01-15.

[39] 卢晓东.高等教育的国际化与原版教材引进[J].中国大学教学,2001(2):38-40.

[40] 刘莹.贝克"风险社会"理论及其对当代中国的启示[J].国外理论动态,2008(1):83-86.

[41] 董泽芳,王晓辉.国外一流大学人才培养模式的共同特点及启示——基于对国外八所一流大学培养杰出人才的经验分析[J].国家教育行政学院学报,2014(4)：83－89.

[42] 陈权,温亚,施国洪.拔尖创新人才内涵、特征及其测度：一个理论模型[J].科学管理研究,2015(4)：106－109.

[43] 陈希.按照党的教育方针培养拔尖创新人才[J].中国高等教育,2002(23)：5－7.

[44] 杨卫.坚持卓越教育理念　培养拔尖创新人才[J].中国高等教育,2007(21)：14－16.

[45] 高晓明.拔尖创新人才概念考[J].中国高教研究,2011(10)：65－67.

[46] (美) 丹尼尔·戈尔曼.情商：为什么情商比智商更重要[M].杨春晓,译.北京：中信出版社,2010.

[47] 江必新,王红霞.国家治理现代化与制度构建[M].北京：中国法制出版社,2016：23.

[48] 张照旭,李玲玲.世界一流大学制度体系：内涵、特征及启示[J].国家教育行政学院学报,2020(7)：52－59,77.

[49] 刘鑫.以人为本视域下的大学制度建设的哲学思考[J].南京航空航天大学学报(社会科学版),2015(1)：16－19.

[50] 万广华,朱美华.“逆全球化”：特征、起因与前瞻[J].学术月刊,2020,(7).

[51] 周岳峰编译.新冠肺炎以前给高等教育国际化带来的影响[J].世界教育信息,2020,(5).

[52] (德) 乌尔里希·贝克.自由与资本主义[M].路国林译.杭州：浙江人民出版社,2004：125.

[53] 曾满超,王美欣,蔺乐.美国、英国、澳大利亚的高等教育国际化[J].北京大学教育评论,2009,(2)：75－102＋190.

[54] 夏玉珍,郝建梅.当代西方风险社会理论：解读与讨论[J].学习与实践,2007(10)：120－128.

[55] (德) 乌尔里希·贝克.自由与资本主义[M].杭州：浙江人民出版社,2001.

[56] 刘莹.贝克“风险社会”理论及其对当代中国的启示[J].国外理论动态,2008(1)：83－86.

[57] 庄友刚.风险社会理论研究述评[J].哲学动态,2005,(9)：57－62.

[58] 李惠斌主编.全球化与公民社会[M].桂林：广西师范大学出版社,2003.

[59] 安东尼·吉登斯.现代性的后果[M].田禾译.上海：上海译文出版社,2000.

[60] 韩庆祥.现代性的本质、矛盾及其时空分析[J].中国社会科学,2016,(2)：9－14.

英文文献

[1] Barbara Adam，Ulrich Beck and Joost Van Loon. the risk society and beyond[M]. SAGE Publication Ltd. 2000. 211－229.

[2] Knight, J. (2004). Internationalization Remodeled：Definitions, Rationales and Approaches. Journal of Studies in International Education，Vol.8，NO 1.

[3] Knight, J. (2006B). Internationalization：Concepts, Complexities and Challenges. In：J. Forest and P. Altbach (eds). International Handbook of Higher Education. Dordrecht，The Netherlands：Springer Academic Publishers.

[4] Rokeach Milton. The nature of human values[J]. American Journal of Sociology，1973，89(2).

[5] SHDALL H，EMDEN A B. The universities of Europe in the Middle Ages[M]. Oxford University Press，1936.

[6] TTS R F，Civilization as Historical Process：Meeting Ground for Comparative and International Education[J]. Comparative Education，1966，3(3)：155 - 168.

[7] ARUM S & WATER J V D. The Need for a Definition of International Education in U. S. Universities[C]. KMASEK, S. Bridges to the Future：Strategies for Internationalizing Higher Education [M]. Carbondale, Illinois：Association of International Education Administrators，1992.

[8] KNIGHT J. Internationalization：Management Strategies and Issues[J]. International Education Magazine，1993，9(1)：6，21 - 22.

[9] WENDE M V D，MARGINSON S. Globalization and Higher Education[J]. OECD Education Working Papers，2007，8(1)：137 - 139.

[10] ALTBACH P G. Higher Education Crosses Borders：Can the United States Remain the Top Destination for Foreign Students? [J]. Change，2004，36(2)：18 - 25.

[11] KNIGHT J. Internationalization Remodeled：Definitions，Rationales and Approaches[J]. Journal for Studies in International Education，2004，8(1)：5 - 31.

[12] FAUST D G. Toward a Global Strategy for Harvard [EB/OL]. https://harvardmagazine. com/2012/09/toward-a-global-strategy-for-harvard. 2012 - 09 - 10. 2020 - 02 - 07.

[13] FAUST D G. The Harvard Campaign-Office of the President [EB/OL]. https://www. harvard. edu/president/news/2013/harvard-campaign. 2013 - 05 - 16. 2020 - 02 - 07.

[14] WENDE MVD，MARGINSON S. Globalization and Higher Education [J]. OECD Education Working Papers，2007，8(1).

[15] ALTBACH P G. Higher Education Crosses Borders：Can the United States Remain the Top Destination for Foreign Students? [J]. Change，2004，36(2).

后　记

　　我国自改革开放以来,以扩大对外开放的方式促进了经济社会各条战线事业的稳步发展。高等教育作为国家发展的重要组成部分,自然也要贯彻落实国家发展的大政方针政策,即要以对外开放的方式不断提升高等教育发展的质量与国际竞争力。高等教育对外开放包含两个维度的内容,一是持续以中外合作办学等方式引进全球优质高等教育资源,二是积极走出去办学。长期以来,我国高等教育通过积极引进境外优质高等教育资源促进了办学理念的更新,促进了人才培养模式的创新,倒逼了相关管理制度的改革和创新。可以说,在我国高等教育事业发展过程中,来自全球各地的优势教育资源做出了巨大的贡献。

　　但与此同时,随全球高等教育竞争的加剧以及高等教育国际化实现形式的日趋复杂多变,我国在开展境外优质高等教育资源引进活动时也面临着诸多挑战和风险。比如引进资源的质量参差不齐,难以满足我国高等教育发展的需求,引进过程中由于复杂多变的国际形势而面临着各种不确定性。因此,如何提高对新时期境外优质高等教育资源内涵和外延的认识,如何建立起符合时代发展需要的标准体系以及系统的风险防控体系,均是高等教育理论与实践需要思考的重大课题。据此,本人借助国家社科基金项目,基于对高等教育国际化基础理论的反思和创新,基于对我国境外优质高等教育资源引进的历史回顾,建立起了引进的标准体系。研究还进一步对境外优质高等教育资源引进的风险做了系统的理论与实践分析,最后建立起了风险防控体系。

　　在本课题的研究过程中,得到了很多学界同仁的关心和支持,也得到了很多实践办学者的大力支持,在此表示衷心的感谢。由于时间和精力限制,也由于自身能力和水平有限,对这个问题的研究还不够深入,希望学界同行多批评指正。

索　引